Caminos Grammatik

Die komplette Grammatik zum Lehrwerk (A1 – B1)

Ernst Klett Sprachen
Stuttgart

Caminos Grammatik

von
Dr. Margarita Görrissen
Dr. Susanne Schauf

1. Auflage 1 7 6 | 2012 11

Alle Drucke dieser Auflage können im Unterricht nebeneinander benutzt werden, sie sind untereinander unverändert. Die letzte Zahl bezeichnet das Jahr dieses Druckes.

www.klett.de

Redaktion: Beate Strauß, Janine Franke
Druck: Drukarnia Interak

ISBN 978-3-12-514945-8

9 783125 149458

Inhalt

1. Aussprache, Betonung und Rechtschreibung

1.1 Das spanische Alphabet

A, a	a	**H, h**	hache	**N, n**	ene	**T, t**	te
B, b	be	**I, i**	i	**Ñ, ñ**	eñe	**U, u**	u
C, c	ce	**J, j**	jota	**O, o**	o	**V, v**	uve
D, d	de	**K, k**	ka	**P, p**	pe	**W, w**	uve doble
E, e	e	**L, l**	ele	**Q, q**	cu	**X, x**	equis
F, f	efe	**Ll, ll**	elle	**R, r**	erre	**Y, y**	i griega
G, g	ge	**M, m**	eme	**S, s**	ese	**Z, z**	zeta

M (eme mayúscula) **é** (e con acento) In Lateinamerika: **b** (be larga)
m (eme minúscula) **ü** (u con diéresis) **v** (be corta)

- In älteren Wörterbüchern findet man Wörter, die mit **ch** und **ll** beginnen, im Anschluss an die Buchstaben **c** und **l**. In neueren sind sie in das Alphabet eingeordnet. Das **ñ** steht weiterhin im Anschluss an den Buchstaben **n**.

1.2 Die Aussprache

Buchstabe			Aussprache	Beispiel
b	am Wortanfang	[b]	wie **b** in *Bank*	**B**arcelona
	in der Wortmitte	[ß]	weicher, zwischen **b** und **v**	I**b**eria
c	vor **e**, **i**	[θ]	gelispelt wie englisch *thing**	**C**e**c**ilia
	sonst	[k]	wie **k** in *Kasse*	**C**olombia, **C**uba
ch		[tʃ]	wie **tsch** in *tschüs*	**Ch**ile
g	vor **e**, **i**	[x]	wie **ch** in *Sache*	**G**erona, **G**ibraltar
	sonst	[g]	wie **g** in *gut*	**G**alicia, **G**ranada
h		[–]	wird nicht ausgesprochen	**H**onduras
j		[x]	wie **ch** in *Sache*	San **J**osé
ll		[j]	wie **j** in *ja*	Ma**ll**orca
ñ		[ɲ]	wie **gn** in *Cognac*	Espa**ñ**a
qu		[k]	wie **k** in *Kasse*	**Qu**ito
r		[r]	gerollt (mit der Zungenspitze)	Pe**r**ú, Ecuado**r**
	am Wortanfang und nach **l**, **n**, **s**	[rr]	stark gerollt	Costa **R**ica, En**r**ique
rr		[rr]	stark gerollt	Ando**rr**a
v	am Wortanfang	[b]	wie **b** in *Bank*	**V**alencia
	in der Wortmitte	[ß]	weicher, zwischen **b** und **v**	tele**v**isión
x		[(k)s]	wie **ks** oder **s**	E**x**tremadura
z		[θ]	gelispelt wie englisch *thing**	**Z**aragoza

* In den spanischsprachigen Ländern Amerikas und in einigen Gegenden Südspaniens wird das **c** vor **e** und **i** und das **z** wie ein scharfes **s** ausgesprochen.

- Kombinationen von **i** oder **u** mit einem anderen Vokal oder miteinander sind **Diphthonge** und bilden in der Aussprache nur eine Silbe: fa-mi-lia, bue-no, ciu-dad.
Steht ein Akzent auf dem **i** oder **u**, handelt es sich um zwei Silben: dí-a, Ra-úl.
Andere Vokalkombinationen bilden immer zwei Silben: a-e-ro-puer-to, Co-rre-os.

1.3 Betonung, Akzente und Rechtschreibung

- Die Betonung der spanischen Sprache lässt sich in drei Regeln zusammenfassen:
  - Wörter, die mit **Vokal**, **-n** oder **-s** enden, werden in der Regel auf der **vorletzten** Silbe betont: discoteca, Carmen, Caminos. Hierzu zählt die Mehrzahl der spanischen Wörter.
  - Wörter, die mit einem **Konsonanten** (außer **-n** und **-s**) enden, werden in der Regel auf der **letzten** Silbe betont: señor, Madrid, español.
  - Alle Wörter, deren Betonung von diesen Regeln abweicht, erhalten einen Akzent auf dem Vokal der betonten Silbe: Bogotá, alemán, túnel, teléfono, América.
- Unabhängig von der Betonung tragen alle Frage- und Ausrufewörter einen Akzent: ¿Qu**é**? ¿C**ó**mo? ¿Qui**é**n? ¿D**ó**nde? ¿Cu**á**nto? ¡Qu**é**! ¡C**ó**mo! ¡Cu**á**nto!
- Einsilbige Wörter mit verschiedenen Bedeutungen werden durch Akzent unterschieden:

el	*der, die, das*	él	*er*
mi	*mein*	mí	*mir, mich*
se	*sich*	sé	*ich weiß*
si	*wenn, ob*	sí	*ja, doch*
te	*dir, dich*	té	*Tee*
tu	*dein*	tú	*du*

- Zwischen Zahlen schreibt man **o** *(oder)* mit Akzent: Tiene 42 **ó** 43 años.
- **o** *(oder)* wird zu **u** vor Wörtern, die mit **o-** oder **ho-** beginnen: Pensión **u** hotel, me da igual.
- **y** *(und)* wird zu **e** vor Wörtern, die mit **i-** oder **hi-** beginnen: Pedro **e** Irene son de Perú.
- Zur Erhaltung der Aussprache muss in manchen Fällen die Schreibweise geändert werden: una ve**z** → dos ve**c**es, ri**c**o → ri**qu**ísmo, pa**g**ar → pa**gu**é, se**gu**ir → si**g**a, diri**g**ir → diri**j**a.

2. Das Substantiv

2.1 Das Geschlecht der Substantive

- Die spanischen Substantive sind entweder männlich (maskulin) oder weiblich (feminin):

männlich	weiblich
el muse**o**	la play**a**
el vin**o**	la paell**a**
el coch**e**	la noch**e**
el hotel	la ciudad

- Substantive auf **-o** sind meistens männlich. Substantive auf **-a** sind meistens weiblich. Substantive auf **-e** oder **Konsonant** können männlich oder weiblich sein.
- Ausnahmen: la radi**o**, la fot**o**; el dí**a**, el problem**a**, el tem**a**.
- Substantive auf **-dad, -ión** sind weiblich: la ciu**dad**, la informac**ión**.
- Berufsbezeichnungen auf **-ista** oder **-nte** haben meistens nur eine Form für beide Geschlechter: el / la tax**ista**, el / la representa**nte**.
- Zahlen und Wochentage sind männlich: **el** ocho, **el** lunes.
- Buchstaben sind weiblich: **la** ñ.

2.2 Der Plural der Substantive

	Vokal + s		Konsonant + es	
	männlich	weiblich	männlich	weiblich
Singular Plural	el museo los museos	la idea las ideas	el hotel los hoteles	la ciudad las ciudades

- Wörter auf **-z** haben im Plural die Endung **-ces**: una vez – dos ve**ces**.
- Wörter auf **-s** nach unbetontem Vokal bleiben im Plural unverändert: el lunes – los lunes. Aber: el autobús – los autobuses.
- Wörter auf **Konsonant**, die auf der letzten Silbe einen Akzent haben, verlieren diesen im Plural: el alemán – los alemanes.
- Einige Substantive existieren nur im Singular, andere nur im Plural: la gente *(die Leute)*, las gafas *(die Brille)*.

2.3 Substantive als Subjekt oder Objekt

Subjekt:	**Mi padre** no está en casa. **Su coche** no está en el garaje.	¿Quién? ¿Qué?	*Wer?* *Was?*
Indirektes Objekt (Dativ):	Escribo una carta **a mi hermano.**	¿A quién?	*Wem?*
Direktes Objekt (Akkusativ):	Escribo **una carta**. No conozco **a tu hermano.**	¿Qué? ¿A quién?	*Was?* *Wen?*

- Der Dativ steht im Spanischen immer mit der Präposition **a**.
- Der Akkusativ steht mit **a**, wenn es sich um bestimmte, konkrete Personen handelt: No conozco **a** tu hermano. Aber: No conozco este libro.
- Nach **tener, buscar** und **necesitar** entfällt die Präposition, wenn es sich nicht um eine bestimmte Person handelt: Tengo dos hermanos. Buscamos una secretaria. Aber: Busco **a** Isabel.

2.4 Wortbildung

Neue Wörter entstehen unter anderem, indem man bereits vorhandene Wörter mit einem Präfix (Vorsilbe) oder Suffix (Nachsilbe) erweitert und ihnen damit eine neue Bedeutung verleiht.

2.4.1 Präfixe

- Wie im Deutschen verwendet man auch im Spanischen häufig Präfixe (Vorsilben), um ein neues Wort zu bilden:

anti-	*gegen*	antifranquista
co(n)-	*mit*	coautor, colaboración
contra-	*gegen*	contraataque, contradicción
des-	*nicht*	desorden, descanso
in- (i-, im-)	*nicht*	independencia, imposible, ilegal
pos(t)-	*nach*	postguerra
pre-	*vor*	prejuicio
re-	*wieder*	reconstrucción
su(b)-	*unter*	subtítulo

2.4.2 Suffixe

- Durch Anhängen von Suffixen (Nachsilben) an das Ende eines Wortstamms kann man aus Adjektiven oder Verben Substantive bilden:

aus Adjektiven			aus Verben		
-dad	cruel	crueldad	**-ción**	agitar	agitación
-ismo	social	socialismo	**-dor/a**	gobernar	gobernador/a
-ura	loco	locura	**-ante**	comerciar	comerciante
-ez/a	pequeño	pequeñez	**-iente**	depender	dependiente
-ía	alegre	alegría	**-imiento**	conocer	conocimiento

3. Der Artikel

3.1 Der bestimmte Artikel

- Der bestimmte Artikel richtet sich in Geschlecht und Zahl nach dem zugehörigen Substantiv:

	männlich	weiblich
Singular	**el** museo	**la** playa
Plural	**los** museos	**las** playas

- Weibliche Substantive, die mit betontem **a-** oder **ha-** beginnen, haben im Singular den männlichen Artikel, behalten jedoch trotzdem ihr weibliches Geschlecht: **el** agua fría; aber: **la** amiga.

- Der Artikel **el** verschmilzt mit den Präpositionen **a** und **de**: a + el = **al**, de + el = **del**: Vamos **del** hotel **al** aeropuerto. Aber: Voy **de la** plaza **a la** estación.

- Man verwendet den bestimmten Artikel:
  - vor *señor/a*, wenn man über eine Person spricht oder diese vorstellt: **El** señor Gómez es de Lima. Als Anrede wird *señor/a* jedoch ohne Artikel verwendet: ¡Buenos días, señora Vázquez!
  - bei Gattungsbezeichnungen: **Los** móviles son muy prácticos. ¿Te gusta **el** café?
  - bei der Uhrzeit: Es **la** una. Son **las** dos.
  - bei Zeitangaben: **el** año pasado, **el** mes que viene, **el** tres de junio
  - bei Wochentagen: ¿Nos vemos **el** martes? *(= am Dienstag)* **Los** lunes tengo clase de español. *(= montags)*
  - bei Prozentzahlen: **el** veinte por ciento
  - bei Sportarten und Spiel: jugar **al** tenis, tocar **la** guitarra
  - **el/la de** benutzt man, um jemanden zu identifizieren: Miguel es **el del** pelo largo. **La de** la izquierda es Laura.

3.2 Der unbestimmte Artikel

	männlich	weiblich
Singular	**un** museo	**una** playa
Plural	**unos** museos	**unas** playas

- Normalerweise verwendet man im Spanischen keinen unbestimmten Artikel im Plural. **Unos/unas** heißt *einige*, vor Zahlen *ungefähr*:

He comprado **unas** revistas.	*Ich habe einige Zeitschriften gekauft.*
Tengo **unos** cien libros en casa.	*Ich habe ungefähr hundert Bücher zu Hause.*

- Vor **medio** und **otro** steht kein unbestimmter Artikel:

Quiero **medio** kilo de tomates.	*Ich möchte ein halbes Kilo Tomaten.*
¿Me trae **otra** cerveza, por favor?	*Bringen Sie mir bitte noch ein Bier?*

- In Verbindung mit **tener** steht, wenn das Objekt nicht näher beschrieben wird, (meist) kein Artikel:

¿Tienes móvil?	*Hast du ein Handy?*

3.3 Substantive mit und ohne Artikel

- Wenn man ein Substantiv mit Artikel verwendet, bezieht man sich auf eine bestimmte Person oder Sache (**el** móvil), auf eine unbestimmte Person oder Sache (**un** móvil) oder aber auf eine Gesamtheit (Me gusta **la** fruta.). Wenn man es ohne Artikel verwendet, bezieht man sich auf eine ganze Kategorie.

- mit Artikel:
  Elena ha comprado **un** móvil nuevo. — *Elena hat ein neues Handy gekauft.*
  ¿Dónde están **las** llaves? — *Wo sind die Schlüssel?*
  ¿Te gusta **la** fruta? — *Magst du Obst?*

- ohne Artikel:
  ¿Tiene móvil? — *Haben Sie ein Handy?*
  No tengo coche. — *Ich habe kein Auto.*
  Los viernes comemos pescado. — *Freitags essen wir Fisch.*

3.4 Der Artikel ‚lo'

- **Lo** dient zur Substantivierung von Adjektiven oder anderen Wortarten:
  Lo más importante es la playa. — *Das Wichtigste ist der Strand.*

- **Lo** entspricht in der Verbindung **lo que** dem deutschen „(das,) was":
  Lo que necesitas es un móvil. — *(Das,) Was du brauchst, ist ein Handy.*

4. Das Adjektiv

4.1 Die Bildung und Angleichung der Adjektive

- Adjektive richten sich in Geschlecht und Zahl nach dem Substantiv, zu dem sie gehören. Im Gegensatz zum Deutschen gilt dies auch, wenn das Adjektiv beim Verb steht:
  Granada es una ciudad bonit**a**. — *Granada ist eine schöne Stadt.*
  La ciudad es bonit**a**. — *Die Stadt ist schön.*

	männlich	weiblich
Singular	un pueblo modern**o** un hotel grand**e** / ideal	una ciudad modern**a** una plaza grand**e** / ideal
Plural	pueblos modern**os** hoteles grand**es** / ideal**es**	ciudades modern**as** plazas grand**es** / ideal**es**

- Adjektive auf **-o** bilden die weibliche Form auf **-a**. Adjektive auf **-e** oder **Konsonant** haben für beide Geschlechter dieselbe Form.

- Adjektive bilden den Plural genauso wie Substantive: Wenn sie auf **Vokal** enden, hängt man ein **-s** an, wenn sie auf **Konsonant** enden, hängt man **-es** an.

- Bezieht sich ein Adjektiv auf Substantive verschiedenen Geschlechts, so verwendet man die männliche Pluralform: Mis zapatos y gafas son nuev**os**.

- Adjektive können sich auch auf einen Infinitiv oder einen Nebensatz beziehen:
Encuentro necesario conjugar un verbo. *Ich finde es notwendig, ein Verb zu konjugieren.*

4.2 Farbadjektive

	männlich	weiblich
Singular	blanc**o**	blanc**a**
	verd**e**	verd**e**
	azul	azul
Plural	blanc**os**	blanc**as**
	verd**es**	verd**es**
	azul**es**	azul**es**

- Auch die Farbadjektive richten sich in Geschlecht und Zahl nach dem Substantiv, auf das sie sich beziehen.

- Unveränderlich sind **rosa**, **naranja** und **violeta**, da es eigentlich Substantive sind *(Rose, Apfelsine, Veilchen)*.

4.3 Nationalitätsadjektive

	männlich	weiblich
Singular	italian**o**	italian**a**
	español	españo**la**
	alemán	aleman**a**
	holandés	holandes**a**
Plural	italian**os**	italian**as**
	español**es**	español**as**
	aleman**es**	aleman**as**
	holandes**es**	holandes**as**

- Anders als bei „normalen" Adjektiven hängt man bei Nationalitätsadjektiven, auch wenn sie auf **Konsonant** enden, bei der weiblichen Form ein **-a** an. Ein Akzent auf der letzten Silbe entfällt dabei:
español – españo**la**, alemán – aleman**a**.

- Nationalitätsadjektive auf **-(i)ense** oder **-í** haben ebenso wie **belga** für männlich und weiblich dieselbe Form: estadouni**dense**, nicaragü**ense**, marroquí, israelí.

-o/-a	-ano/-ana	-eño/-eña	-és/-esa	-(i)ense
austríaco	italiano	hondureño	francés	estadounidense
noruego	boliviano	panameño	holandés	canadiense
sueco	peruano	puertorriqueño	inglés	costarricense
suizo	venezolano	salvadoreño	portugués	nicaragüense

4.4 Die Stellung der Adjektive

- Anders als im Deutschen steht das Adjektiv im Spanischen meist hinter dem Substantiv. Fast immer nachgestellt werden Farben und Nationalitäten:

José tiene un coche **nuevo**.	*José hat ein neues Auto.*
Es un SEAT **negro**.	*Es ist ein schwarzer SEAT.*

- Vorgestellt werden kurze und häufig gebrauchte Adjektive. Immer vorgestellt werden **mucho, poco, tanto, otro**:

Tenemos **mucho** trabajo y **poco** tiempo.	*Wir haben viel Arbeit und wenig Zeit.*

- Vorangestellt werden auch **primero, tercero, alguno** und **ninguno**, wobei sie vor einem männlichen Substantiv im Singular verkürzt werden und das **-o** verlieren:

Es la **tercera** vez que vienes tarde.	*Es ist das dritte Mal, dass du zu spät kommst.*
Vivo en el **primer** piso.	*Ich wohne im ersten Stock.*

- Außerdem kann ein Adjektiv vor dem Substantiv stehen, wenn es besonders hervorgehoben werden soll oder eine subjektive Bewertung ausdrückt:

Tenemos un **pequeño** problema.	*Wir haben ein kleines Problem.*
Juan es un **excelente** cocinero.	*Juan ist ein ausgezeichneter Koch.*

- Vorangestellt werden Adjektive, wenn sie eine dem Substantiv innewohnende Eigenschaft ausdrücken. Oft bilden beide eine feste Wendung:

la blanca nieve *(der weiße Schnee)*, **las Bellas Artes** *(die schönen Künste)*.

- Einige Adjektive haben eine unterschiedliche Bedeutung, je nachdem, ob sie vor oder hinter dem Substantiv stehen:

Adjektiv	Stellung	Bedeutung
bueno	una buena amiga una amiga buena	*gut* *gutmütig*
grande	un gran cuadro un cuadro grande	*großartig* *groß*
nuevo	un nuevo televisor un televisor nuevo	*neuartig, originell* *frisch gekauft*
viejo	un viejo amigo un amigo viejo	*langjährig* *alt (betagt)*
mismo	al mismo tiempo usted mismo	*gleich* *selbst, sogar*
cierto	ciertos programas noticias ciertas	*gewisse, bestimmte* *wahr(haftig), sicher*
pobre	una pobre chica una chica pobre	*arm, bedauernswert* *arm, mittellos*

4.4.1 Die Kurzform einiger Adjektive

- **Bueno, malo, primero, tercero, alguno** und **ninguno** werden vor einem männlichen Substantiv im Singular verkürzt und verlieren das **-o**. **Grande** wird vor männlichen und weiblichen Substantiven im Singular zu **gran** verkürzt:

Adjektiv	männlich	weiblich
bueno/-a	un **buen** actor	una **buena** actriz
malo/-a	un **mal** actor	una **mala** actriz
grande	un **gran** cuadro	una **gran** exposición

4.5 Adjektive mit ‚ser' oder ‚estar' in unterschiedlicher Bedeutung

- Man verwendet **ser** + Adjektiv für eine objektive Beschreibung bzw. um eine zum Wesen gehörige Eigenschaft anzugeben: Pedro **es** alegre / triste.
- Will man einen vorübergehenden Zustand beschreiben oder eine subjektive Bewertung vornehmen, so verwendet man **estar** + Adjektiv: Hoy **estoy** alegre. / ¡Qué triste **estás**!
- Einige wenige Adjektive haben eine unterschiedliche Bedeutung, je nachdem, ob sie in Verbindung mit **ser** oder **estar** gebraucht werden:

Adjektiv	ser	estar
bueno/-a	*gut, positiv*	*attraktiv (Person) (fam) / lecker (Essen)*
malo/-a	*schlecht, negativ*	*krank (Person) / ungenießbar (Essen)*
rico/-a	*reich*	*lecker, angenehm*
listo/-a	*intelligent*	*bereit, fertig*
abierto/-a	*offen (Person)*	*geöffnet / offen (Sache)*
aburrido/-a	*langweilig, uninteressant*	*gelangweilt, uninteressiert*
atento/-a	*höflich*	*aufmerksam, konzentriert*

5. Steigerung und Vergleich

5.1 Der Komparativ bei Verschiedenheit: ‚mehr/weniger als'

Sevilla es **más** grande **que** Córdoba.	*Sevilla ist größer als Córdoba.*
Córdoba tiene **menos** habitantes **que** Sevilla.	*Córdoba hat weniger Einwohner als Sevilla.*
La falda verde cuesta **más que** la roja.	*Der grüne Rock kostet mehr als der rote.*
Luis trabaja **menos que** María.	*Luis arbeitet weniger als María.*

Bei Zahlen und Mengen steht **más/menos de**:

Este pueblo tiene **menos de** mil habitantes. — *Dieses Dorf hat weniger als tausend Einwohner.*

- Besondere Steigerungsformen siehe Abschnitt 5.4.

5.2 Der Komparativ bei Gleichheit: ‚genauso (viel) wie'

La falda azul es **tan** bonita **como** la roja. — *Der blaue Rock ist so schön wie der rote.*

Y también cuesta **tanto como** la roja. — *Und er kostet auch so viel wie der rote.*

■ Vor Substantiven ist **tanto** veränderlich und richtet sich nach dem folgenden Substantiv:

Casares no tiene **tanto** tráfico **como** Marbella. — *Casares hat nicht so viel Verkehr wie Marbella.*
Y tampoco **tanta** contaminación. — *Und auch nicht so viel Umweltverschmutzung.*
Ibiza no tiene **tantos** turistas **como** Mallorca. — *Ibiza hat nicht so viele Touristen wie Mallorca.*
Mallorca tiene **tantas** playas **como** Tenerife. — *Mallorca hat so viele Strände wie Teneriffa.*

5.3 Der Superlativ: ‚am meisten/wenigsten'

La falda blanca es **la más** bonita (de todas). — *Der weiße Rock ist der schönste (von allen).*
De todos mis amigos Paco es **el más** inteligente. — *Von all meinen Freunden ist Paco der intelligenteste.*
Para mí **lo más** importante es descansar. — *Für mich ist es am wichtigsten, mich zu erholen.*

Mis padres tienen **la** casa **menos** grande. — *Meine Eltern haben das kleinste Haus.*

Es el chico que trabaja **más**. — *Er ist der Junge, der am meisten arbeitet.*

5.4 Unregelmäßige Steigerungsformen

Positiv	Komparativ		Superlativ	
bueno/-a	mejor	*besser*	el/la mejor	*der/die beste*
malo/-a	peor	*schlechter*	el/la peor	*der/die schlechteste*
grande	más grande	*größer*	el/la más grande	*der/die größte*
	mayor	*bedeutender*	el/la mayor	*der/die bedeutendste*
pequeño/-a	más pequeño/-a	*kleiner*	el/la más pequeño/-a	*der/die kleinste*
	menor	*geringer*	el/la menor	*der/die geringste*

■ **Mayor** und **menor** werden auch in Verbindung mit dem Alter verwendet:
José es mi hermano **mayor**. — *José ist mein älterer / ältester Bruder.*

■ *Größer* und *kleiner* im Bezug auf die Größe von Personen oder Gebäuden heißt **más alto** bzw. **más bajo**.

5.5 Der absolute Superlativ auf ‚-ísimo'

- Adjektive und Adverbien auf **-ísimo** drücken einen sehr hohen Grad einer Eigenschaft aus, ohne dass ein Bezug oder Vergleich zu einer anderen Sache hergestellt wird. Diese Form entspricht dem deutschen *sehr / äußerst* oder ähnlichen Verstärkungen.

muy tarde	tard**ísimo**	El tren llegó tardísimo. *(sehr spät)*
muy barato	barat**ísimo**	En esta tienda todo es baratísimo. *(spottbillig)*
muy guapa	guap**ísima**	Para Mónica la Barbie era guapísima. *(bildschön)*
muy fáciles	facil**ísimos/-as**	Estos ejercicios son facilísimos. *(kinderleicht)*
muy grandes	grand**ísimos/-as**	Tengo casas grandísimas de Lego. *(riesengroß)*

- Endet ein Wort auf Konsonant, so hängt man die Endung **-ísimo/-a/-os/-as** an. Endet es auf Vokal, so ersetzt man diesen durch **-ísimo/-a/-os/-as**. Um die Aussprache zu erhalten, ergeben sich dabei manchmal Änderungen in der Rechtschreibung: ri**c**o → ri**qu**ísimo, lar**g**o → lar**gu**ísimo.

  ojo amable → amab**il**ísimo

- Besonders ausdrucksvolle Adjektive wie **enorme, fantástico, excelente** können weder mit **muy** noch mit -**ísimo** verstärkt werden. Stattdessen kann man sie mit **realmente** verstärken:
  Este restaurante es **realmente fantástico**.

6. Die Pronomen

6.1 Die Subjektpronomen

1. Pers. Sing.:	**yo**	*ich*
2. Pers. Sing.:	**tú**	*du*
3. Pers. Sing.:	**él**	*er*
	ella	*sie*
	usted	*Sie*
1. Pers. Plural:	**nosotros**	*wir (m)*
	nosotras	*wir (f)*
2. Pers. Plural:	**vosotros**	*ihr (m)*
	vosotras	*ihr (f)*
3. Pers. Plural:	**ellos**	*sie (m)*
	ellas	*sie (f)*
	ustedes	*Sie*

- Die Subjektpronomen werden meist weggelassen und nur zur Hervorhebung verwendet: **Yo** soy de Madrid, pero **ella** es de Toledo.
- Im Plural unterscheidet man eine männliche und eine weibliche Form:
  Pepe y Luis: "**Nosotros** somos de Toledo." **Ellos** son de Toledo.
  María y Luisa: "**Nosotras** somos de Madrid." **Ellas** son de Madrid.
- Bei gemischten Gruppen verwendet man die männliche Form.
- In Lateinamerika verwendet man statt **vosotros** *(ihr)* die Form **ustedes** *(Sie)*.

6.1.1 Die Anrede

- Anders als im Deutschen unterscheidet man im Spanischen zwischen der höflichen Anrede einer Person (**usted**) und mehrerer Personen (**ustedes**) mit der entsprechenden Verbform:

eine Person	¿Tú **eres** Ana? ¿**Es** usted el señor Pons?	*Bist du …?* *Sind Sie …?*	2. Pers. Sing. 3. Pers. Sing.
mehrere Personen	¿(Vosotros) **sois** estudiantes? ¿Ustedes **son** de Madrid?	*Seid ihr …?* *Sind Sie …?*	2. Pers. Plural 3. Pers. Plural

6.2 Die Objektpronomen

6.2.1 Das direkte Objektpronomen

yo	**me**	*mich*
tú	**te**	*dich*
él, ella, usted	**lo, la**	*ihn, es, sie, Sie (Sg.)*
nosotros/-as	**nos**	*uns*
vosotros/-as	**os**	*euch*
ellos, ellas, ustedes	**los, las**	*sie, Sie (Pl.)*

- Das direkte Objektpronomen ersetzt ein Objekt im Akkusativ *(wen / was?)*:
  ◆ Quería un kilo de tomates.
  ◇ ¿Cómo **los** quiere?
  ◆ ¿Dónde está Luisa? No **la** veo.

- **Lo** kann sich auch auf einen ganzen Satz beziehen:
  ◆ ¿Hay un banco por aquí?
  ◇ No **lo** sé.

6.2.2 Das indirekte Objektpronomen

yo	**me**	*mir*
tú	**te**	*dir*
él, ella, usted	**le**	*ihm, ihr, Ihnen (Sg.)*
nosotros/-as	**nos**	*uns*
vosotros/-as	**os**	*euch*
ellos, ellas, ustedes	**les**	*ihnen, Ihnen (Pl.)*

- Das indirekte Objektpronomen ersetzt ein Objekt im Dativ *(wem?)*:
  ◆ ¿**Me** trae otra cerveza, por favor?
  ◆ ¿**Te** gusta el cine?
  ◆ Mañana es el cumpleaños de Marta. ¿Qué **le** regalamos?
  ◇ **Le** compramos un libro.

6.2.3 Die Stellung der Pronomen

- Die Objekt- und Reflexivpronomen stehen normalerweise vor dem konjugierten Verb:
  Te escribo. **Me** relajo.

- In verneinten Sätzen steht **no** vor dem Pronomen: **No nos** gustan las patatas.

- Beim Gerundium und bei Konstruktionen mit Infinitiv können die Pronomen vorangestellt oder angehängt werden:
  Te estamos buscando. / Estamos buscándo**te**.
  Me quiero comprar un bolso. / Quiero comprar**me** un bolso.

- Beim bejahten Imperativ werden die Pronomen angehängt: Siénte**se**.
  Beim verneinten Imperativ werden die Pronomen vorangestellt: No **se** preocupe.
- Wenn bei Formen mit angehängtem Pronomen die Betonung auf die dritt- oder viertletzte Silbe fällt, ist ein Akzent erforderlich: Está preocup**á**ndose.

6.2.4 Objektpronomen nach Präposition (betonte Objektpronomen)

	mí	*mir, mich*
	ti	*dir, dich*
	él	*ihm, ihn*
a	**ella**	*ihr, sie*
para	**usted**	*Ihnen, Sie (Sg.)*
por	**nosotros/-as**	*uns*
sin	**vosotros/-as**	*euch*
	ellos	*ihnen, sie*
	ellas	*ihnen, sie*
	ustedes	*Ihnen, Sie (Pl.)*

- Nach Präpositionen verwendet man die betonten Objektpronomen. Sie sind fast alle identisch mit den Subjektpronomen, mit Ausnahme von **mí** und **ti**:
  Para **mí** no es difícil. ¿Y para **usted**?
- In der Verbindung mit **con** bilden die ersten beiden Personen eine Ausnahme:
  con + mí → **conmigo**
  con + ti → **contigo**
  Ansonsten: con él, con ella, con usted, …

6.2.5 Zwei Pronomen in einem Satz

indirektes Objekt *(wem?)*		direktes Objekt *(wen?)*		zusammen	
me	*mir*	**me**	*mich*	me	
te	*dir*	**te**	*dich*	te	
le	*ihm, ihr, Ihnen (Sg.)*	**lo, la**	*ihn, es, sie, Sie (Sg.)*	**se**	lo / la / los / las
nos	*uns*	**nos**	*uns*	nos	
os	*euch*	**os**	*euch*	os	
les	*ihnen, Ihnen (Pl.)*	**los, las**	*sie, Sie (Pl.)*	**se**	

- Stehen ein indirektes und ein direktes Objektpronomen in einem Satz, so steht, anders als im Deutschen, das indirekte (Dativ) vor dem direkten (Akkusativ):
  Y el perfume, ¿quién **te lo** ha regalado? *Und das Parfüm, wer hat* ***es dir*** *geschenkt?*
- In der 3. Person wird in diesem Fall das Dativpronomen **le / les** zu **se**:
  ¿Quién le ha regalado las rosas a la abuela? *Wer hat der Oma die Rosen geschenkt?*
  Se las ha regalado un amigo. *Ein Freund hat* ***sie ihr*** *geschenkt.*
- In der 3. Person wird das indirekte Objekt oft durch ein Pronomen angekündigt oder wiederholt:
  El vino, ¿**se** lo has dado **a la abuela**? *Hast du der Oma den Wein gegeben?*
- Normalerweise stehen die beiden Pronomen vor dem konjugierten Verb. Bei Infinitivkonstruktionen und in Verbindung mit dem Gerundium können sie vorangestellt oder angehängt werden:
  Me gusta este vestido. **Me lo** quiero comprar mañana. / Quiero comprár**melo** mañana.
  Olga ha visto un vestido bonito. Ahora **se lo** está probando. / Ahora está probándo**selo**.
- Beim bejahten Imperativ werden die Pronomen angehängt: ¡Cómpra**telo**!
  Beim verneinten Imperativ werden sie vorangestellt: ¡No **te lo** compres!

6.2.6 Verdoppelung von direktem und indirektem Objekt(pronomen)

- Anders als im Deutschen kann ein spanischer Satz das direkte oder indirekte Objekt verdoppeln:
  A la abuela no **la** entiendo. *Großmutter (sie) verstehe ich nicht.*
  A Marta le gusta la cocina japonesa. *Marta (ihr) gefällt die japanische Küche.*

- Um Missverständnisse zu vermeiden oder die Person besonders hervorzuheben, können zusätzlich zu den unbetonten Pronomen (**me, te,** ...) noch die betonten Pronomen (**a mí, a ti**, ...) verwendet werden:
  Me gusta la ópera. *Mir gefällt die Oper.*
  A mí me gusta la ópera, pero **a él** no. ***Mir** gefällt die Oper, aber **ihm** nicht.*

- Ist ein Verb im Satz, muss auch das unbetonte Pronomen stehen. Ein betontes Pronomen kann das unbetonte nicht ersetzen:
  ~~A **mí** gusta la ópera~~.

- Wie im Deutschen gibt es die Möglichkeit, das Objekt dem Verb voranzustellen, um es hervorzuheben. Im Spanischen muss man es zusätzlich durch das entsprechende Objektpronomen wieder aufgreifen:
  Este libro no **lo** conozco. *Dieses Buch kenne ich nicht.*
  A María le gusta aprender español. *Maria gefällt es, Spanisch zu lernen.*
  A Marta y a Javier no **les** regalamos nada. *Marta und Javier schenken wir nichts.*
  ~~A **María** gusta cocinar~~.

- Steht das Objekt hinter dem Verb, wird es häufig durch ein Pronomen angekündigt:
  ¿Qué **les** regalamos **a Marta y a Javier**? *Was schenken wir Marta und Javier?*

- Ist kein Verb im Satz, können die betonten Pronomen allein stehen:
  A él un libro y **a ella** un CD. *Ihm ein Buch und ihr eine CD.*

6.3 Die Possessivpronomen

- Die Possessivpronomen richten sich nach dem Besitztum, nicht nach dem Besitzer. Außer in der 1. und 2. Person Plural sind die männlichen und weiblichen Formen gleich.

- **Su** kann unterschiedliche Bedeutungen haben:
  ¿Me da **su** número de teléfono? *Geben Sie mir seine/ihre/Ihre Telefonnummer?*

Singular		Plural		
männlich	weiblich	männlich	weiblich	
mi hijo/hija		**mis** hijos/hijas		*mein, meine*
tu hijo/hija		**tus** hijos/hijas		*dein, deine*
su hijo/hija		**sus** hijos/hijas		*sein, seine, ihr, ihre, Ihr(e)*
nuestro hijo	**nuestra** hija	**nuestros** hijos	**nuestras** hijas	*unser, unsere*
vuestro hijo	**vuestra** hija	**vuestros** hijos	**vuestras** hijas	*euer, eure*
su hijo/hija		**sus** hijos/hijas		*ihr, ihre, Ihr, Ihre*

6.3.1 Die betonten Possessivpronomen

Singular		Plural	
männlich	weiblich	männlich	weiblich
mío	mía	míos	mías
tuyo	tuya	tuyos	tuyas
suyo	suya	suyos	suyas
nuestro	nuestra	nuestros	nuestras
vuestro	vuestra	vuestros	vuestras
suyo	suya	suyos	suyas

- Die betonten Possessivpronomen stehen allein oder nach einem Substantiv, mit dem sie in Geschlecht und Zahl übereinstimmen. Sie richten sich nach dem Besitztum, nicht nach dem Besitzer.

Die betonten Possessivpronomen stehen

- mit dem bestimmten Artikel, wenn man ein bereits genanntes Substantiv nicht wiederholen will:
  Nuestro baño tiene bañera. ¿Y **el tuyo**? — *Unser Bad hat eine Badewanne. Und deins?*

- ohne Artikel, wenn man über den Besitzer Auskunft gibt:
  ◆ ¿De quién es este plato? — ◆ *Wem gehört dieser Teller?*
  ◇ Es **mío**. — ◇ *Das ist meiner.*

- mit dem unbestimmten Artikel, wenn eine/r von mehreren gemeint ist:
  Gabriela es **una** amiga **nuestra.** — *Gabriela ist eine Freundin von uns.*

6.4 Die Demonstrativpronomen

- Je nachdem, in welcher räumlichen oder zeitlichen Entfernung vom Sprecher sich die Dinge befinden, verwendet man verschiedene Demonstrativpronomen oder -begleiter. Sie richten sich in Geschlecht und Zahl nach dem Substantiv, auf das sie sich beziehen:

direkt beim Sprecher	beim Angesprochenen	weiter weg
este sillón	**ese** sillón	**aquel** sillón
esta mesa	**esa** mesa	**aquella** mesa
estos sillones	**esos** sillones	**aquellos** sillones
estas mesas	**esas** mesas	**aquellas** mesas

- Die Demonstrativpronomen können ein Substantiv ersetzen. In dem Fall können sie mit oder ohne Akzent geschrieben werden:
  Ésta / **Esta** es mi hermana Luisa. — *Das ist meine Schwester Luisa.*

- **Esto, eso, aquello** beziehen sich auf etwas, das nicht näher bestimmt wird, und sind unveränderlich:
  ¿Qué es **eso**? — *Was ist das?*

6.5 Die Reflexivpronomen siehe Abschnitt 7.1.3 (Die reflexiven Verben)

6.6 Unbestimmte Pronomen (Indefinitpronomen)

6.6.1 Unveränderliche Pronomen

algo	*etwas*	¿Quieres **algo** para beber?
nada	*nichts*	No, gracias, no quiero **nada**.
todo	*alles*	Esto es **todo**.
alguien	*jemand*	¿**Alguien** ha hecho ya esta ruta?
nadie	*niemand*	**Nadie** se queda en casa.
cada	*jede/r*	**Cada** día llegan miles de personas.

- **Algo**, **nada** und **todo** beziehen sich auf Sachen, **alguien** und **nadie** auf Personen. **Cada** kann sich auf Sachen oder Personen beziehen.

6.6.2 Veränderliche Pronomen

alguno/-a	*irgendein/e/r*	¿Hay **alguna** pensión por aquí?
algunos/-as	*einige*	**Algunos** (peregrinos) van a pie.
ninguno/-a/-os/-as	*kein/e/r*	**Ninguna** fiesta es tan famosa.
todo el / toda la	*der / die ganze*	**Toda la** ciudad está de fiesta.
todos los / todas las	*alle*	**Todas las** chicas van a pie.

- Diese Pronomen beziehen sich immer auf ein Substantiv, auch wenn es nicht im Satz genannt wird. Zwischen **todo/-a/-os/-as** und dem Substantiv steht meistens der Artikel.
- **Alguno** und **ninguno** werden vor männlichen Substantiven zu **algún** / **ningún** verkürzt: ¿Hay **algún** hotel por aquí? – No, **ninguno**.
- Steht vor **nada**, **nadie** oder **ningún, ninguno** ein Verb, so muss vor diesem Verb **no** stehen: **No** ha llegado **nadie** al albergue. Aber: **Nadie** ha llegado al albergue.

6.6.3 Weitere unbestimmte Pronomen

mucho/-a/-os/-as	*viel/e*	**Muchos** peregrinos van a Santiago.
bastante/s	*ziemlich viel/e*	**Bastantes** van por motivos religiosos.
suficiente/s	*genügend*	Hay **suficientes** alojamientos para los turistas.
demasiado/-a/-os/-as	*zu viel/e*	Por suerte, en el albergue no hay **demasiada** gente.

6.6.4 Der Gebrauch von ‚mismo'

Begleiter	Verstärkung	
el mism**o** idioma	ahora mismo	*sofort*
la mism**a** cultura	hoy mismo	*noch / erst heute*
los mism**os** sueños	mañana mismo	*gleich morgen*
las mism**as** costumbres	aquí mismo	*gleich hier*

- Als Begleiter richtet sich **mismo** nach dem zugehörigen Substantiv. Nach einem Adverb ist es unveränderlich und verstärkt dessen Bedeutung.

- Steht **mismo** nach einem Substantiv oder Pronomen, so hat es eine verstärkende Funktion:

El jefe **mismo** me lo ha dicho.	*Der Chef höchstpersönlich hat es mir gesagt.*
En Andalucía **misma** está lloviendo.	*Sogar in Andalusien regnet es.*

- Das deutsche *sich selbst* heißt **sí mismo/-a/-os/-as**:

Los hispanos se definen a **sí mismos** con orgullo.	*Die Hispanos definieren sich selbst mit Stolz.*

- Weitere Wendungen:
  lo mismo *(das Gleiche)*
  me da lo mismo *(es ist mir egal)*
  al mismo tiempo *(gleichzeitig)*

6.7 Die Relativpronomen

- Relativpronomen leiten einen Nebensatz ein, der sich auf ein vorangegangenes Wort oder einen ganzen Satz bezieht. Das häufigste Relativpronomen ist **que**. Es kann sich auf Personen oder Sachen, Subjekt oder Objekt beziehen und *der, die, das, den* bedeuten:

Cádiz es una ciudad **que** me gusta mucho.	*Cádiz ist eine Stadt, die mir gut gefällt.*
Tengo un amigo **que** vive allí.	*Ich habe einen Freund, der dort lebt.*
Es un alemán **que** voy a ver todos los años.	*Es ist ein Deutscher, den ich jedes Jahr besuche.*

- Steht das Bezugswort des Relativsatzes nach einer Präposition, so wird diese vor dem Relativpronomen wieder aufgegriffen. Dazwischen steht der bestimmte Artikel:

Ya conoces **a Ernesto**. Es de Buenos Aires.	Ernesto, **al que** ya conoces, es de Buenos Aires.
En esta ciudad nació el tango.	Es la ciudad **en la que** nació el tango.
Ernesto habla **de los barrios** del puerto.	Los barrios **de los que** habla Ernesto están en el puerto.
Muchos argentinos se identifican **con el tango**.	El tango es la música **con la que** muchos argentinos se identifican.

Vergleichen Sie auch mit Abschnitt 14.5 (Der Relativsatz).

7. Das Verb im Indikativ

7.1 Das Präsens

7.1.1 Regelmäßige Formen

- Die spanischen Verben werden, je nach ihrer Infinitivendung auf **-ar**, **-er** oder **-ir**, in drei Konjugationsgruppen unterteilt. Statt der Infinitivendungen werden für die verschiedenen Personen bestimmte Endungen an den Wortstamm angehängt. Für alle regelmäßigen Verben einer Gruppe gelten dieselben Endungen:

	trabaj**ar**	aprend**er**	viv**ir**
yo	trabaj**o**	aprend**o**	viv**o**
tú	trabaj**as**	aprend**es**	viv**es**
usted, él, ella	trabaj**a**	aprend**e**	viv**e**
nosotros/-as	trabaj**amos**	aprend**emos**	viv**imos**
vosotros/-as	trabaj**áis**	aprend**éis**	viv**ís**
ustedes, ellos/-as	trabaj**an**	aprend**en**	viv**en**

7.1.2 Verben mit unregelmäßigen Formen

- Bei einigen Verben ändert sich der Stammvokal in den Formen, bei denen die Betonung auf dem Wortstamm liegt. Die Endungen bleiben regelmäßig:

	Gruppe **e → ie** querer	Gruppe **o → ue** poder	Gruppe **e → i** pedir	Gruppe **u → ue** jugar
yo	qu**ie**ro	p**ue**do	p**i**do	j**ue**go
tú	qu**ie**res	p**ue**des	p**i**des	j**ue**gas
usted, él, ella	qu**ie**re	p**ue**de	p**i**de	j**ue**ga
nosotros/-as	queremos	podemos	pedimos	jugamos
vosotros/-as	queréis	podéis	pedís	jugáis
ustedes, ellos/-as	qu**ie**ren	p**ue**den	p**i**den	j**ue**gan

- Bei einigen Verben ist die 1. Person Singular unregelmäßig:

hacer	poner	salir	traer	ver	dar	saber
hago	**pongo**	**salgo**	**traigo**	**veo**	**doy**	**sé**
haces	pones	sales	traes	ves	das	sabes
hace	pone	sale	trae	ve	da	sabe
hacemos	ponemos	salimos	traemos	vemos	damos	sabemos
hacéis	ponéis	salís	traéis	veis	dais	sabéis
hacen	ponen	salen	traen	ven	dan	saben

- Bei den Verben auf **-ecer**, **-ocer**, **-ucir** wird in der 1. Person Singular das **c** zu **zc**. Die anderen Personen sind regelmäßig:

ofrecer	ofre**zc**o, ofreces, ofrece…
conocer	cono**zc**o, conoces, conoce…
conducir	condu**zc**o, conduces, conduce…

- Einige Verben haben sowohl eine unregelmäßige 1. Person Singular als auch die Veränderung des Stammvokals (**e → i**) bzw. (**e → ie**) bei ansonsten regelmäßigen Endungen:

decir	tener	venir
digo	**tengo**	**vengo**
d**i**ces	t**ie**nes	v**ie**nes
d**i**ce	t**ie**ne	v**ie**ne
decimos	tenemos	venimos
decís	tenéis	venís
d**i**cen	t**ie**nen	v**ie**nen

- Bei einigen Verben auf **-iar** wird in den stammbetonten Formen das **i** bzw. **u** betont; sie erhalten daher einen Akzent:

enviar	continuar
env**í**o	contin**ú**o
env**í**as	contin**ú**as
env**í**a	contin**ú**a
enviamos	continuamos
enviáis	continuáis
env**í**an	contin**ú**an

- Die Verben auf **-uir** fügen nach dem Stamm ein **y** ein, wenn ein Vokal folgt:

construir
constru**y**o
constru**y**es
constru**y**e
construimos
construís
constru**y**en

- Wichtige unregelmäßige Verben:

ir	estar	ser	haber*
voy	est**oy**	**soy**	**he**
vas	est**á**s	**eres**	**has**
va	est**á**	**es**	**ha**
vamos	estamos	**somos**	**hemos**
vais	estáis	**sois**	habéis
van	est**á**n	**son**	**han**

* Das Präsens des Verbs **haber** dient mit dem Partizip Perfekt zur Bildung des Perfekts (siehe Abschnitt 7.2), es kann nicht allein verwendet werden. *Haben* heißt **tener**.

- **Hay** *(es gibt)* ist eine unpersönliche Form von **haber**.

7.1.3 Die reflexiven Verben

	duchar**se**
yo	**me** ducho
tú	**te** duchas
usted, él, ella	**se** ducha
nosotros/-as	**nos** duchamos
vosotros/-as	**os** ducháis
ustedes, ellos/-as	**se** duchan

- Abgesehen von den Pronomen verhalten sich die reflexiven Verben wie die anderen.

- Es gibt auch unregelmäßige reflexive Verben, z.B. acostarse (**o → ue**), divertirse (**e → ie**) usw.

- Zur Stellung der Reflexivpronomen siehe Abschnitt 6.2.3.

- Manche Verben sind im Spanischen reflexiv, im Deutschen aber nicht, z.B. llamar**se** *(heißen)*, levantar**se** *(aufstehen)*, und umgekehrt, z.B. descansar *(sich ausruhen)*.

7.2 Das Perfekt

7.2.1 Formen

- Man bildet das Perfekt mit dem Präsens von **haber** und dem Partizip Perfekt des Hauptverbs. Das Partizip ist dabei unveränderlich:

Präsens von haber		Partizip Perfekt	Bildung des Partizips	
			Verben auf **-ar**	Verben auf **-er** und **-ir**
yo	**he**			
tú	**has**			
usted, él, ella	**ha**	habl**ado**	hablar → habl**ado**	comer → com**ido**
nosotros/-as	**hemos**	com**ido**	estar → est**ado**	tener → ten**ido**
vosotros/-as	**habéis**	viv**ido**	costar → cost**ado**	vivir → viv**ido**
ustedes, ellos/-as	**han**			

- Alle Verben bilden das Perfekt mit **haber**:
  He trabajado mucho. — *Ich **habe** viel gearbeitet.*
  Hemos ido a casa. — *Wir **sind** nach Hause gegangen.*

- Die Formen von **haber** stehen immer unmittelbar vor dem Partizip Perfekt:
  No me **he duchado** hoy. — *Ich **habe** mich heute nicht **geduscht**.*

- Partizipien wichtiger unregelmäßiger Verben:

abrir	decir	escribir	hacer	ir	poner	ser	ver	volver
abierto	**dicho**	**escrito**	**hecho**	**ido**	**puesto**	**sido**	**visto**	**vuelto**

7.2.2 Der Gebrauch des Perfekt

- Das Perfekt steht bei Handlungen und Ereignissen innerhalb eines Zeitraums der Vergangenheit, den der Sprecher als noch nicht abgeschlossen betrachtet. Daher steht es häufig mit Zeitangaben wie **hoy, esta mañana, esta semana, este año**:
  Este año hemos ido a Mallorca. — *Dieses Jahr sind wir nach Mallorca gefahren.*

- Es steht außerdem bei vergangenen Handlungen und Ereignissen, deren Zeitpunkt nicht näher angegeben wird, zusammen mit **alguna vez, muchas veces, nunca, ya, todavía no**:
  ¿**Ya has leído** el periódico? — *Hast du schon die Zeitung gelesen?*

7.2.3 Das Partizip Perfekt als Adjektiv

- Das Partizip Perfekt dient zur Bildung des Perfekts. In dieser Funktion steht es immer mit dem Hilfsverb **haber**, endet auf **-o** und ist unveränderlich. Das Partizip Perfekt kann aber auch die Funktion eines Adjektivs haben:

Partizip als Verbform	Partizip als Adjektiv
Pablo ha **roto** los platos.	Los platos están **rotos**.
Eva ha **hecho** las camas.	Las camas están **hechas**.
He **abierto** una lata.	Aquí hay una lata **abierta**.
Has **cerrado** los ojos.	Tienes los ojos **cerrados**.

- Als Adjektiv drückt das Partizip Perfekt, häufig in Verbindung mit **estar**, das Ergebnis einer Handlung aus. Dabei richtet sich das Partizip in Geschlecht und Zahl nach dem zugehörigen Substantiv.

7.3 Das Indefinido

7.3.1 Regelmäßige Formen

	Verben auf **-ar**	Verben auf **-er**	Verben auf **-ir**
yo	trabaj**é**	vend**í**	viv**í**
tú	trabaj**aste**	vend**iste**	viv**iste**
usted, él, ella	trabaj**ó**	vend**ió**	viv**ió**
nosotros/-as	trabaj**amos**	vend**imos**	viv**imos**
vosotros/-as	trabaj**asteis**	vend**isteis**	viv**isteis**
ustedes, ellos, ellas	trabaj**aron**	vend**ieron**	viv**ieron**

- Die Verben auf **-er** und **-ir** haben dieselben Endungen.
- Bei einigen Verben ändert sich in der 1. Person Singular die Schreibweise, damit die Aussprache erhalten bleibt, z. B. pa**g**ar → pa**gu**é, empe**z**ar → empe**c**é, sa**c**ar → sa**qu**é.

7.3.2 Verben mit Vokalwechsel

- Verben auf **-ir**, bei denen sich im Präsens der Stammvokal **e** → **ie** (sentir) oder **e** → **i** (pedir) ändert, haben im Indefinido ein **i** in der 3. Person Singular und Plural: s**i**ntió; p**i**dieron. Analog dazu steht bei Verben der Gruppe **o** → **ue** (dormir) an dieser Stelle ein **u**. Die übrigen Formen sind regelmäßig:

	pedir	sentir	dormir
yo	pedí	sentí	dormí
tú	pediste	sentiste	dormiste
usted, él, ella	p**i**dió	s**i**ntió	d**u**rmió
nosotros/-as	pedimos	sentimos	dormimos
vosotros/-as	pedisteis	sentisteis	dormisteis
ustedes, ellos/-as	p**i**dieron	s**i**ntieron	d**u**rmieron

7.3.3 Verben mit unregelmäßigem Stamm

- Einige häufig gebrauchte Verben haben im Indefinido einen unregelmäßigen Stamm. Für alle gelten jedoch dieselben Endungen:

Infinitiv	Stamm		Endung	tener
tener	**tuv-**			
estar	**estuv-**			
poder	**pud-**		-e	tuv**e**
poner	**pus-**		-iste	tuv**iste**
decir	**dij-**	Stamm +	-o	tuv**o**
traer	**traj-**		-imos	tuv**imos**
querer	**quis-**		-isteis	tuv**isteis**
hacer	**hic-**		-ieron	tuv**ieron**
venir	**vin-**			

- Das Indefinido von **hay** ist **hubo**.

- Bei **hacer** ändert sich die Schreibweise, damit die Aussprache erhalten bleibt: hi**c**e, hi**c**iste, aber: hi**z**o.

- Bei **decir**, **traer** und allen Verben auf **-ducir** entfällt das **i** in der 3. Person Plural: **dij~~i~~eron**.

7.3.4 Unregelmäßige Verben

	dar	ver	ser / ir
yo	di	vi	fui
tú	diste	viste	fuiste
usted, él, ella	dio	vio	fue
nosotros/-as	dimos	vimos	fuimos
vosotros/-as	disteis	visteis	fuisteis
ustedes, ellos/-as	dieron	vieron	fueron

- Die Verben **ser** und **ir** haben im Indefinido dieselben Formen. Durch den Kontext wird jedoch klar, um welches der beiden Verben es sich handelt.

7.3.5 Der Gebrauch des Indefinido

- Das Indefinido steht für Handlungen und Ereignisse innerhalb eines Zeitraums der Vergangenheit, den der Sprecher als abgeschlossen betrachtet. Es drückt Wechsel, Anfang oder Ende einer Handlung aus. Häufig steht es mit Zeitangaben wie **ayer, el domingo, la semana pasada, en 1989**:

  Conocí a mi marido **en 1996** en Lima. — *Ich lernte meinen Mann 1996 in Lima kennen.*
  Llegamos a Europa **un año más tarde.** — *Ein Jahr später kamen wir nach Europa.*
  Ayer encontré a Maribel. — *Gestern habe ich Maribel getroffen.*

- Das Indefinido dient auch dazu, vergangene Ereignisse abschließend zu bewerten:

  ¿Qué tal la fiesta? – **Fue** fenomenal. — *Wie war das Fest? – Es war großartig.*

7.4 Das Imperfekt

7.4.1 Formen

	Regelmäßige Verben		Unregelmäßige Verben		
	auf **-ar**	auf **-er/-ir**	ser	ir	ver
yo	cocin**aba**	viv**ía**	era	iba	veía
tú	cocin**abas**	viv**ías**	eras	ibas	veías
usted, él, ella	cocin**aba**	viv**ía**	era	iba	veía
nosotros/-as	cocin**ábamos**	viv**íamos**	éramos	íbamos	veíamos
vosotros/-as	cocin**abais**	viv**íais**	erais	ibais	veíais
ustedes, ellos/-as	cocin**aban**	viv**ían**	eran	iban	veían

- Die Verben auf **-er** und **-ir** haben im Imperfekt dieselben Endungen. Nur **ser**, **ir** und **ver** haben ein unregelmäßiges Imperfekt. Das Imperfekt von **hay** ist **había.**

7.4.2 Der Gebrauch des Imperfekt

- Das Imperfekt beschreibt Zustände und Gewohnheiten in der Vergangenheit oder drückt sich wiederholende, regelmäßige Handlungen in der Vergangenheit aus. Es steht häufig mit Ausdrücken wie **antes** *(früher),* **entonces** *(damals),* **siempre** *(immer),* **todos los días** *(jeden Tag):*
  Antes las casas no **tenían** calefacción. *Früher hatten die Häuser keine Heizung.*

- Innerhalb einer Erzählung dient es dazu, eine Handlung zu schildern, die gerade im Gange war (= Rahmen, Hintergrund), als eine andere Handlung (plötzlich) eintrat:
  Mientras la niña **recogía** flores, el lobo corrió a casa de la abuela. *Während das Mädchen Blumen pflückte, rannte der Wolf zum Haus der Großmutter.*
  Ella no notó la diferencia de voz, **porque** ya no **oía** muy bien. *Sie bemerkte den Unterschied in der Stimme nicht, weil sie nicht mehr gut hörte.*

- Mit dem Imperfekt kann man auch einen Wunsch höflich formulieren:
  Quería reservar una habitación. *Ich wollte (= würde gern) ein Zimmer reservieren.*

7.4.3 Der Gebrauch von Imperfekt und Indefinido

- Innerhalb einer Erzählung in der Vergangenheit werden Rahmen, Hintergrund oder Begleitumstände im Imperfekt ausgedrückt. Ausdrücke wie **siempre, mientras, porque** weisen oft auf das Imperfekt hin. Die neu einsetzende Handlung steht im Indefinido. Typische Zeitausdrücke sind **un día, de repente, enseguida, luego**, die auf eine Veränderung hinweisen:

Imperfekt: Was war schon? (Hintergrund)	**Indefinido:** Was geschah neu? (Handlung)
Mientras la niña **recogía** flores,	el lobo **corrió** a casa de la abuela.
Cuando **tenía** 17 años,	Eva **pasó** un mes en el hospital.
El peluquero **creía** que era un chico,	así que me **cortó** el pelo cortísimo.

- Zeitmarker für Imperfekt und Indefinido:

Imperfekt	Indefinido	
antes siempre todos los días con frecuencia normalmente mientras	enseguida de repente de pronto inmediatamente luego un día	ayer el lunes / martes la semana pasada el año pasado en 2005

- Es gibt eine Reihe von Zeit- und Häufigkeitsangaben, die bevorzugt mit dem Indefinido oder Imperfekt stehen.

- Über den Gebrauch von Imperfekt und Indefinido entscheidet nicht die objektiv vergangene Zeit, sondern die persönliche Haltung des Sprechers. So kann es auch vorkommen, dass einander widersprechende Zeitmarker in einem Satz zusammentreffen. Je nachdem, welchen Aspekt des Geschehens der Sprecher darstellen möchte, kann er durch die Wahl der Zeit eine Information sozusagen in den Vordergrund oder in den Hintergrund rücken:

En las últimas vacaciones mi hermana y yo **fuimos** *todos los días* a la playa.

Das vergangene Ereignis (letzter Urlaub) ist für den Sprecher entscheidend, der Aspekt der Wiederholung *(todos los días)* tritt demgegenüber zurück.

Cada año, los preparativos para el día de los muertos **empezaban** *el 31 de octubre*. *Primero* Frida **cocinaba** para la fiesta y *luego* **decoraba** el altar.

Der Aspekt der Gewohnheit (jedes Jahr) ist für den Sprecher entscheidend, der konkrete Zeitpunkt der Vergangenheit *(el 31 de octubre)* und die Handlungsabfolge *(primero, luego)* treten zurück.

7.5 Das Plusquamperfekt

Imperfekt von haber		Partizip Perfekt
yo	**había**	trabajado tenido escrito
tú	**habías**	
usted, él, ella	**había**	
nosotros/-as	**habíamos**	
vosotros/-as	**habíais**	
ustedes, ellos/-as	**habían**	

- Das Plusquamperfekt wird mit dem Imperfekt von **haber** und dem Partizip Perfekt gebildet. Dabei ist das Partizip Perfekt unveränderlich.

- Man verwendet das Plusquamperfekt für vergangene Ereignisse und Handlungen, die bereits **vor** einer anderen Handlung in der Vergangenheit stattgefunden haben:
  Cuando por fin **llegó** el autobús, ya **habíamos tomado** un taxi. — *Als der verspätete Bus kam, hatten wir schon ein Taxi genommen.*

- Zeitangaben wie **antes, ya, todavía no, nunca** können einen Satz im Plusquamperfekt einleiten:
  Antes de la reunificación, Esther **todavía no había ido** a España. — *Vor der Wiedervereinigung war Esther noch nie nach Spanien gereist.*

7.6 Der Gebrauch der Vergangenheitszeiten

Über den Gebrauch der Vergangenheitszeiten entscheidet die Haltung des Sprechers. Es gibt aber eine Reihe von Zeit- und Häufigkeitsangaben, die bevorzugt mit einer bestimmten Zeit verwendet werden.

7.6.1 Das Perfekt

- Mit dem Perfekt stellt der Sprecher einen Bezug zur Gegenwart her. Es bezieht sich auf Handlungen oder Ereignisse innerhalb eines noch andauernden Zeitraumes.
  Deshalb steht es oft mit Zeitausdrücken wie **hoy, todavía (no), esta semana, este año**:

La mujer de hoy **ha logrado** mucho.	*Die Frau von heute hat viel erreicht.*
Desde 1971, "el Chavo del 8" **ha hecho** reír a millones de personas.	*Seit 1971 hat „el Chavo del 8" Millionen Menschen zum Lachen gebracht.*

7.6.2 Das Indefinido

- Das Indefinido steht für Handlungen und Ereignisse innerhalb eines Zeitraums der Vergangenheit, den der Sprecher als abgeschlossen betrachtet. Es drückt Wechsel, Anfang oder Ende einer Handlung aus. Häufig steht es mit Zeitausdrücken wie **ayer**, **anoche**, **la semana pasada**, **en 1998**:

Rita **nació** en 1914.	*Rita wurde 1914 geboren.*
De niña no **fue** a la escuela.	*Als Kind ging sie nicht zur Schule.*
Se casó a los 17 años.	*Sie hat mit 17 geheiratet.*

- Das Indefinido dient auch dazu, vergangene Ereignisse abschließend zu bewerten:

Las mujeres **empezaron** a luchar por sus derechos. Eso **fue** muy importante.	*Die Frauen fingen an, für ihre Rechte zu kämpfen. Das war sehr wichtig.*

7.6.3 Das Imperfekt

- Das Imperfekt beschreibt Zustände und Gewohnheiten in der Vergangenheit oder drückt sich wiederholende, regelmäßige Handlungen in der Vergangenheit aus. Es steht häufig mit Zeitausdrücken wie **antes** *(früher)*, **siempre**, **todos los días**, **entonces** *(damals):*

La vida de Rita **era** igual a la de su abuela.	*Ritas Leben war genau wie das ihrer Großmutter.*
Antes, las mujeres no **podían** votar.	*Frauen durften früher nicht wählen.*

- Innerhalb einer Erzählung werden Rahmen, Hintergrund oder Begleitumstände im Imperfekt ausgedrückt, während die neu einsetzende Handlung im Indefinido steht:

Pero cuando Rita **era** joven, hubo cambios importantes.	*Aber als Rita jung war, fanden wichtige Veränderungen statt.*

7.6.4 Das Plusquamperfekt

- Man verwendet das Plusquamperfekt für vergangene Ereignisse, Situationen und Handlungen, die bereits **vor** einer anderen Handlung in der Vergangenheit stattgefunden haben. Es steht häufig mit Zeitausdrücken wie **antes**, **ya**, **todavía no**, **nunca**:

Hasta entonces, las mujeres nunca **habían votado**.	*Bis dahin hatten Frauen nie gewählt.*
Cuando votaron por primera vez, ya **habían luchado** mucho tiempo por ese derecho.	*Als sie zum ersten Mal wählten, hatten sie schon lange für dieses Recht gekämpft.*

7.7 Das Futur

7.7.1 Regelmäßige Verben

- Die für das Futur typischen Endungen werden an den Infinitiv anhängt. Sie sind für alle Konjugationsgruppen gleich:

		Endung	trabajar
yo	Infinitiv +	**-é**	trabajar**é**
tú		**-ás**	trabajar**ás**
usted, él, ella		**-á**	trabajar**á**
nosotros/-as		**-emos**	trabajar**emos**
vosotros/-as		**-éis**	trabajar**éis**
ustedes, ellos/-as		**-án**	trabajar**án**

7.7.2 Verben mit unregelmäßigem Stamm

- Bei einigen Verben ändert sich im Futur der Wortstamm, an den jedoch die regelmäßigen Endungen angehängt werden:

Infinitiv	Stamm		Endung	decir
decir	**dir-**	Stamm +		
hacer	**har-**		-é	dir**é**
poder	**podr-**		-ás	dir**ás**
poner	**pondr-**		-á	dir**á**
saber	**sabr-**		-emos	dir**emos**
salir	**saldr-**		-éis	dir**éis**
tener	**tendr-**		-án	dir**án**
venir	**vendr-**			

- Das Futur von **hay** ist **habrá**.

7.7.3 Der Gebrauch des Futur

- Man verwendet das Futur für zukünftige Handlungen und Ereignisse, die nicht in unmittelbarer Beziehung zur Gegenwart stehen. Oft wird auch **ir a + Infinitiv** als Futurumschreibung verwendet, besonders wenn die Handlung als unmittelbar empfunden wird (nahe Zukunft) oder wenn eine Absicht zum Ausdruck gebracht werden soll. In vielen Regionen ist dies die bevorzugte Form, und das Futur wird als formeller empfunden.

- Mit dem Futur kann man auch die Folgen einer Situation oder Handlung ausdrücken:

Si sigues fumando, **te pondrás** enfermo. — *Wenn du weiterhin rauchst, wirst du krank (werden).*

- Das Futur kann auch Vermutungen über ein gegenwärtiges Geschehen zum Ausdruck bringen:

◆ ¿Qué es este ruido? — *◆ Was ist das für ein Geräusch?*
◇ **Será** un perro. — *◇ Es wird wohl ein Hund sein.*

- In Verbindung mit einer klaren Zeitbestimmung der Zukunft kann eine zukünftige Handlung – ebenso wie im Deutschen – auch durch das Präsens ausgedrückt werden:

La reunión **es** el próximo lunes. — *Die Besprechung ist nächsten Montag.*

7.8 Das Konditional

7.8.1 Regelmäßige Verben

- Die für das Konditional typischen Endungen werden an den Infinitiv angehängt. Sie sind für alle Konjugationsgruppen gleich:

		Endung	comer
yo	Infinitiv +	**-ía**	comer**ía**
tú		**-ías**	comer**ías**
usted, él, ella		**-ía**	comer**ía**
nosotros/-as		**-íamos**	comer**íamos**
vosotros/-as		**-íais**	comer**íais**
ustedes, ellos/-as		**-ían**	comer**ían**

7.8.2 Verben mit unregelmäßigem Stamm

- Bei einigen Verben ändert sich im Konditional der Wortstamm, an den jedoch die regelmäßigen Endungen angehängt werden. Der Stamm der unregelmäßigen Verben ist derselbe wie beim Futur:

Infinitiv	Stamm		Endung	decir
decir	**dir-**			
hacer	**har-**		-ía	dir**ía**
poder	**podr-**		-ías	dir**ías**
poner	**pondr-**	Stamm +	-ía	dir**ía**
saber	**sabr-**		-íamos	dir**íamos**
salir	**saldr-**		-íais	dir**íais**
tener	**tendr-**		-ían	dir**ían**
venir	**vendr-**			

- Das Konditional von **hay** ist **habría**.

7.8.3 Der Gebrauch des Konditional

- Man verwendet das Konditional für höfliche Bitten, Vorschläge und Ratschläge sowie für Dinge, die unter bestimmten Bedingungen realisiert werden könnten:

Höfliche Bitte:	¿**Podrías** ayudarme en la cocina? *Könntest du mir in der Küche helfen?*
Wunsch:	**Me encantaría** vivir en la montaña. *Ich würde gern in den Bergen leben.*
Empfehlung:	Yo, en tu lugar, **llevaría** unos bombones. *Ich an deiner Stelle würde Pralinen mitbringen.*
Vorschlag:	En ese caso, **pediría** un poco de sal. *In dem Fall würde ich um etwas Salz bitten.*

7.9 Der Imperativ

7.9.1 Der bejahte Imperativ

- Regelmäßige Verben und Verben mit Vokalwechsel:

	-ar	-er	-ir
tú	tom**a**	beb**e**	abr**e**
usted	tom**e**	beb**a**	abr**a**
vosotros	tom**ad**	beb**ed**	abr**id**
ustedes	tom**en**	beb**an**	abr**an**

e → ie	o → ue	e → i
c**ie**rra	pr**ue**ba	p**i**de
c**ie**rre	pr**ue**be	p**i**da
cerrad	probad	pedid
c**ie**rren	pr**ue**ben	p**i**dan

- Der Imperativ der 2. Person Singular (tú) ist identisch mit der 3. Person Präsens:
¡**Canta**, María! – María **canta**. *Sing, María! – María singt.*

- Der Imperativ der 2. Person Plural (vosotros) leitet sich vom Infinitiv her, indem man das **-r** durch ein **-d** ersetzt: comer – com**ed**. In der Umgangssprache wird häufig der Infinitiv verwendet:
Niños, ¡**a comer**! ¡**Venir** a la mesa! *Kinder, kommt essen! Kommt an den Tisch!*

- Reflexive Verben verlieren beim Imperativ von **vosotros** das **-d**:
ocupados → **Ocupaos** de los invitados. *Kümmert euch um die Gäste.*

- Der Imperativ der Höflichkeitsform (usted, ustedes) hat die „umgekehrten" Vokale der Infinitivendung (**-ar** → **e**, **-er**/**-ir** → **a**) und ist identisch mit dem Subjuntivo. Manchmal ergeben sich Änderungen in der Rechtschreibung, um die Aussprache zu erhalten: to**c**ar → to**qu**e, empe**z**ar → empie**c**e, pa**g**ar → pa**gu**e, diri**g**ir → diri**j**a.

- Objekt- und Reflexivpronomen werden beim bejahten Imperativ immer an das Verb angehängt. Fällt die Betonung auf die dritt- oder viertletzte Silbe, bekommt diese einen Akzent: **siéntese, cómpramelo**.

- Unregelmäßige Imperativformen:

	decir	hacer	poner	salir	tener	venir
tú	**di**	**haz**	**pon**	**sal**	**ten**	**ven**
usted	diga	haga	ponga	salga	tenga	venga
vosotros	decid	haced	poned	salid	tened	venid
ustedes	digan	hagan	pongan	salgan	tengan	vengan

	ser	ver	estar	dar	ir
tú	**sé**	**ve**	**está**	**da**	**ve**
usted	**sea**	**vea**	**esté**	**dé**	**vaya**
vosotros	sed	ved	estad	dad	id
ustedes	**sean**	**vean**	**estén**	**den**	**vayan**

7.9.2 Der verneinte Imperativ

- Der verneinte Imperativ hat dieselben Formen wie der Subjuntivo, nämlich die „umgekehrten" Vokale ihrer Infinitivendungen: Verben auf **-ar** haben in der Endung ein **-e**, Verben auf **-er** und **-ir** haben in der Endung ein **-a**:

	-ar	-er	-ir
tú	no tom**es**	no beb**as**	no abr**as**
usted	no tom**e**	no beb**a**	no abr**a**
vosotros	no tom**éis**	no beb**áis**	no abr**áis**
ustedes	no tom**en**	no beb**an**	no abr**an**

e → ie	o → ue	e → i
no c**ie**rres	no pr**ue**bes	no p**i**das
no c**ie**rre	no pr**ue**be	no p**i**da
no cerréis	no probéis	no p**i**dáis
no c**ie**rren	no pr**ue**ben	no p**i**dan

- In der Höflichkeitsform (usted, ustedes) sind der bejahte und der verneinte Imperativ gleich.

- Beim verneinten Imperativ werden die Pronomen immer vorangestellt:
  ¡No **lo** comas! — *Iss es nicht!*
  No **se** preocupe. — *Machen Sie sich keine Sorgen.*

- Der verneinte Imperativ der unregelmäßigen Verben hat dieselben Formen wie der bejahte Imperativ und der Subjuntivo.

8. Das Verb im Subjuntivo

8.1 Das Präsens des Subjuntivo

8.1.1 Regelmäßige Verben

- Bei der Konjugation des Präsens des Subjuntivo werden die für jede Verbgruppe typischen Vokale ausgetauscht: Verben auf **-ar** erhalten ein **-e,** Verben auf **-er** und **-ir** erhalten ein **-a** in der Endung:

	-ar	-er	-ir
yo	pase	coma	viva
tú	pase**s**	coma**s**	viva**s**
usted, él, ella	pase	coma	viva
nosotros/-as	pase**mos**	coma**mos**	viva**mos**
vosotros/-as	pas**éis**	com**áis**	viv**áis**
ustedes, ellos/-as	pase**n**	coma**n**	viva**n**

- Verben auf **-er** und **-ir** haben dieselben Endungen.

- Manchmal ändert sich die Rechtschreibung, damit die Aussprache erhalten bleibt: lle**g**ar → lle**gu**e, expli**c**ar → expli**qu**e, organi**z**ar → organi**c**e, diri**g**ir → diri**j**a.

8.1.2 Verben mit Vokalwechsel

- Verben, die im Indikativ den Stammvokal ändern, tun dies auch im Subjuntivo: Verben auf **-ar** oder **-er** der Gruppen **e → ie** (z. B. entender) und **o → ue** (z. B. poder) folgen dem gleichen Muster wie im Indikativ Präsens.

- Verben auf **-ir** der Gruppe **e → i** (pedir) oder **e → ie** (sentir) haben zusätzlich ein **i** in der 1. und 2. Person Plural. Analog dazu steht bei Verben der Gruppe **o → ue** (dormir) an dieser Stelle ein **u**:

	e → ie	o → ue	e → i	e → ie, i	o → ue, u
yo	ent**ie**nda	p**ue**da	p**i**da	s**ie**nta	d**ue**rma
tú	ent**ie**ndas	p**ue**das	p**i**das	s**ie**ntas	d**ue**rmas
usted, él, ella	ent**ie**nda	p**ue**da	p**i**da	s**ie**nta	d**ue**rma
nosotros/-as	entendamos	podamos	p**i**damos	s**i**ntamos	d**u**rmamos
vosotros/-as	entendáis	podáis	p**i**dáis	s**i**ntáis	d**u**rmáis
ustedes, ellos/-as	ent**ie**ndan	p**ue**dan	p**i**dan	s**ie**ntan	d**ue**rman

8.1.3 Verben mit unregelmäßiger erster Person

- Bei den Verben mit unregelmäßiger 1. Person Singular Präsens leitet man alle Formen des Subjuntivo von diesem (unregelmäßigen) Wortstamm ab:

Infinitiv	1. Pers. Sing.	Subjuntivo
tener	**teng**o	**teng**a, **teng**as, **teng**a, **teng**amos, **teng**áis, **teng**an
hacer	**hag**o	**hag**a, **hag**as…
poner	**pong**o	**pong**a, **pong**as…
salir	**salg**o	**salg**a, **salg**as…
conducir	condu**zc**o	condu**zc**a, condu**zc**as…
conocer	cono**zc**o	cono**zc**a, cono**zc**as…

8.1.4 Unregelmäßige Verben

	ir	ser	estar	dar	saber
yo	vaya	sea	esté	dé	sepa
tú	vayas	seas	estés	des	sepas
usted, él, ella	vaya	sea	esté	dé	sepa
nosotros/-as	vayamos	seamos	estemos	demos	sepamos
vosotros/-as	vayáis	seáis	estéis	deis	sepáis
ustedes, ellos/-as	vayan	sean	estén	den	sepan

- Der Subjuntivo von **hay** ist **haya**.

8.2 Das Perfekt des Subjuntivo

- Das Perfekt des Subjuntivo wird mit dem Subjuntivo von **haber** und dem Partizip Perfekt gebildet. Letzteres ist unveränderlich und endet immer auf **-o**:

	haber +	Partizip
yo	**haya**	cantado
tú	**hayas**	comido
usted, él, ella	**haya**	vivido
nosotros/-as	**hayamos**	sido
vosotros/-as	**hayáis**	vuelto
ustedes, ellos/-as	**hayan**	puesto

- Es wird nach den gleichen Regeln verwendet wie das Präsens des Subjuntivo (siehe 8.4), bezieht sich jedoch auf eine vergangene Handlung:

Mit Ausdrücken des Wunsches:	**Ojalá** que mañana a esta hora **hayáis terminado** esto. *Hoffentlich habt ihr das morgen um diese Zeit beendet.*
Mit Ausdrücken der Emotion / des Fühlens:	**Me alegro de** que me **hayas traído** flores. *Ich freue mich, dass du mir Blumen mitgebracht hast.*
Mit Ausdrücken der Wahrscheinlichkeit:	**Quizá** mi colega **haya instalado** mal el programa. *Vielleicht hat mein Kollege das Programm falsch installiert.*
Mit unpersönlichen Ausdrücken:	**Es importante** que Manuel **haya venido** a la reunión. *Es ist wichtig, dass Manuel zu der Besprechung gekommen ist.*

8.3 Das Imperfekt des Subjuntivo

- Das Imperfekt des Subjuntivo wird von der 3. Person Plural des Indefinido abgeleitet, indem man die Endung **-ron** durch **-ra** und die jeweilige Personenendung ersetzt: trabaja**ron** → trabaja**ra**, trabaja**ras**, …

	Verben auf **-ar**	Verben auf **-er/-ir**	unregelmäßige Verben
yo	trabaj**ara**	com**iera**	estar: estuviera, …
tú	trabaj**aras**	com**ieras**	tener: tuviera, …
usted, él, ella	trabaj**ara**	com**iera**	ser / ir: fuera, …
nosotros/-as	trabaj**áramos**	com**iéramos**	venir: viniera, …
vosotros/-as	trabaj**arais**	com**ierais**	poder: pudiera, …
ustedes, ellos/-as	trabaj**aran**	com**ieran**	haber: hubiera, …

- In einigen Ländern wird die Endung **-ase** bzw. **-iese** bevorzugt. Die Bedeutung ist jedoch dieselbe:

trabaj**ase**, trabaj**ases**, trabaj**ase**, trabaj**ásemos**, trabaj**aseis**, trabaj**asen**
estuv**iese**, estuv**ieses**, estuv**iese**, estuv**iésemos**, estuv**ieseis**, estuv**iesen**

- Das Imperfekt des Subjuntivo wird immer dann verwendet, wenn die Ausdrücke, die den Subjuntivo auslösen, im Konditional, Imperfekt oder Indefinido stehen:

Me gustaría que alguien **hiciera** manaña este trabajo.	*Ich hätte gern, dass jemand morgen diese Arbeit macht.*
Queríamos una cocina que **tuviera** microondas.	*Wir wollten eine Küche, die eine Mikrowelle hat.*
La jefa le pidió a Jorge que **viniera** un poco más temprano.	*Die Chefin bat Jorge, ein bisschen früher zu kommen.*

- Es steht auch nach **como si** *(als ob)*, da hier ein irrealer Vergleich ausgedrückt wird:

Cuando llevamos ayuda a estas personas, se sienten **como si** la sociedad las **aceptara**.	*Wenn wir diesen Personen helfen, fühlen sie sich, als ob die Gesellschaft sie akzeptierte.*

8.4 Der Gebrauch des Subjuntivo

- Der spanische Subjuntivo ist nicht mit dem deutschen Konjunktiv zu vergleichen. Während der Indikativ (Wirklichkeitsform) dazu gebraucht wird, einen tatsächlichen Sachverhalt zu schildern, bringt der Subjuntivo (Möglichkeitsform) Dinge zum Ausdruck, die sozusagen „im Kopf“ des Sprechers stattfinden, z. B. Wünsche, Gefühle, Meinungen, Absichten, Empfehlungen, Bitten. Der Subjuntivo dient also in erster Linie nicht der Mitteilung einer Tatsache, sondern bringt eine persönliche Haltung des Sprechers zum Ausdruck.

Der Subjuntivo steht nach bestimmten Auslösern:

- nach **que** oder **ojalá (que)**, um einen Wunsch zum Ausdruck zu bringen:

¡**Que seáis** felices!	*Auf dass ihr glücklich seid!*
¡**Ojalá (que) tengas** buen tiempo!	*Hoffentlich hast du gutes Wetter.*

- nach **Verben der Willensäußerung** (z. B. desear, esperar, recomendar, pedir, querer):

Espero que pases un feliz cumpleaños.	*Ich hoffe, dass du einen schönen Geburtstag verbringst.*
Le **recomendamos que lea** este libro.	*Wir empfehlen Ihnen, dieses Buch zu lesen.*
Siempre me **pides que** te **traiga** algo.	*Du bittest mich immer, dass ich dir etwas mitbringe.*

- nach **para que**:

Vamos a Oruro **para que veas** el carnaval.	*Wir fahren nach Oruro, damit du den Karneval siehst.*

- nach den meisten **unpersönlichen Ausdrücken** (z. B. es probable / posible / importante que, está prohibido que, es una tradición que):

Es probable que ya **conozcas** esta fiesta.	*Es ist möglich, dass du dieses Fest schon kennst.*
Es una tradición que los niños **reciban** regalos.	*Es ist eine Tradition, dass die Kinder Geschenke bekommen.*

- nach **verneinten Sätzen der Meinungsäußerung**:

No creo que las costumbres **se pierdan**.	*Ich glaube nicht, dass die Bräuche verloren gehen.*
No me parece que esta fiesta **sea** macabra.	*Es scheint mir nicht so, dass dieses Fest makaber ist.*
No es verdad que todos los peregrinos **vayan** a pie.	*Es ist nicht wahr, dass alle Pilger zu Fuß gehen.*
Aber: **Creo que es** una tradición indígena.	*Ich glaube , dass es sich hierbei um eine indigene Tradition handelt.*

8.4.1 Der Gebrauch von Indikativ oder Subjuntivo

Nach Ausdrücken der Wahrscheinlichkeit

- Nach **quizá(s)**, **tal vez**, **probablemente** und **posiblemente** kann sowohl der Indikativ als auch der Subjuntivo verwendet werden. Mit dem Indikativ drückt man einen höheren Grad an Wahrscheinlichkeit aus als mit dem Subjuntivo. Möchte man das Gesagte stärker in Zweifel ziehen, verwendet man den Subjuntivo:

Indikativ (wahrscheinlich)	Subjuntivo (wenig wahrscheinlich)
Quizá el disco duro no **sirve.** *Vielleicht funktioniert die Festplatte nicht.*	**Quizá** el disco duro no **sirva**. *Vielleicht funktioniert die Festplatte nicht.*
Tal vez es un error del sistema. *Vielleicht ist es ein Systemfehler.*	**Tal vez sea** un error del sistema. *Vielleicht ist es ein Systemfehler.*
Probablemente ha fallado la conexión. *Wahrscheinlich hat die Verbindung versagt.*	**Probablemente haya fallado** la conexión. *Wahrscheinlich hat die Verbindung versagt.*

A lo mejor *(vielleicht)* steht immer mit dem Indikativ:

A lo mejor el disco duro no **sirve**. *Vielleicht funktioniert die Festplatte nicht.*

Nach Verben des Glaubens und der Meinungsäußerung

- Nach Verben des Glaubens, Meinens und der Wahrnehmung wie **creer**, **pensar**, **opinar**, **encontrar**, **ver**, **me parece que**... steht normalerweise der Indikativ. Sind sie jedoch verneint, folgt der Subjuntivo:

Indikativ	Subjuntivo
Creo que es mejor así. *Ich glaube, dass es so besser ist.*	**No creo que sea** mejor así. *Ich glaube nicht, dass es so besser ist.*
Veo que estamos todos aquí. *Ich sehe, dass wir alle hier sind.*	**No veo que estemos** todos aquí. *Ich sehe nicht, dass wir alle hier wären.*
Me **parece que tienen** un problema. *Ich finde, dass sie ein Problem haben.*	**No me parece que tengan** un problema. *Ich finde nicht, dass sie ein Problem haben.*

Nach unpersönlichen Ausdrücken

- Nach unpersönlichen Ausdrücken wie **es importante que**, **es una pena que**, **es posible que**, **está prohibido que**... folgt der Subjuntivo.

- Nach unpersönlichen Konstruktionen wie **es / me parece** + Adjektiv / Substantiv + **que** folgt ein Verb im Indikativ, wenn sie Gewissheit ausdrücken (**cierto / evidente / verdad**). Werden sie jedoch verneint, folgt der Subjuntivo:

Indikativ	Subjuntivo
Es cierto que el curso **es** caro. *Es stimmt, dass der Kurs teuer ist.*	**No es cierto que** el curso **sea** caro. *Es stimmt nicht, dass der Kurs teuer ist.*
Es verdad que el español **es** fácil. *Es ist wahr, dass Spanisch leicht ist.*	**No es verdad que** el español **sea** fácil. *Es ist nicht wahr, dass Spanisch leicht ist.*
Es evidente que no todos **pueden** estudiar fuera. *Es ist offensichtlich, dass nicht alle im Ausland studieren können.*	**No es evidente que** la gente **aprenda** más en los cursos online. *Es ist nicht offensichtlich, dass die Leute in Online-Kursen mehr lernen.*

- Auch bei der unpersönlichen Konstruktion **lo... es que** steht das folgende Verb im Subjuntivo. Ausnahme: Folgt auf **lo** ein Ausdruck der Gewissheit bzw. Sicherheit, steht das folgende Verb im Indikativ:

Indikativ	Subjuntivo
Lo que te digo **es que** la playa **está** limpia. *Ich sage dir, dass der Strand sauber ist.*	**Lo** más importante **es que** la playa **esté** limpia. *Das Wichtigste ist, dass der Strand sauber ist.*
Lo cierto **es que** el hotel no **tiene** piscina. *Tatsache ist, dass das Hotel keinen Pool hat.*	**Lo** ideal **es que** el hotel **tenga** piscina. *Das Ideale ist, dass das Hotel einen Pool hat.*

In Relativsätzen

- In Relativsätzen verwendet man den Indikativ, wenn sich der Relativsatz auf etwas Reales, Bekanntes bezieht. Wenn der Relativsatz dagegen etwas Zukünftiges, Gewünschtes oder eine Bedingung ausdrückt, verwendet man den Subjuntivo:

Indikativ	Subjuntivo
Vivo en un lugar **que** no **tiene** río. *Ich wohne in einem Ort, der keinen Fluss hat.*	Quiero vivir en un lugar **que tenga** río. *Ich möchte in einem Ort wohnen, der einen Fluss hat.*
Soy de un pueblo **donde hay** mucha tranquilidad. *Ich bin aus einem Dorf, wo es viel Ruhe gibt.*	Viviré en un lugar **donde haya** mucha tranquilidad. *Ich werde in einem Dorf leben, wo es viel Ruhe gibt.*

- Bezieht sich der Relativsatz auf ein Indefinitpronomen, so steht der Subjuntivo, wenn es sich um eine Frage handelt oder wenn das Indefinitpronomen negativ ist (**nada, nadie, ninguno**):

Indikativ	Subjuntivo
Aquí hay **alguien que sabe** esto. *Hier gibt es jemanden, der das weiß.*	¿Conoces a **alguien que sepa** esto? *Kennst du jemanden, der das weiß?* Aquí no hay **nadie que sepa** esto. *Hier gibt es niemanden, der das weiß.*

Wenn man die Entscheidung anderen überlässt

- Der Subjuntivo drückt auch aus, dass die Entscheidung noch nicht getroffen ist oder dass man die Entscheidung anderen überlässt:

Indikativ	Subjuntivo
Este es el hotel **que** yo **prefiero**. *Das ist das Hotel, das ich bevorzuge.*	Vamos al hotel **que prefieras**. *Wir gehen in das Hotel, das du bevorzugst.*
Hago **lo que quiero**. *Ich mache, was ich will.*	Haz **lo que quieras**. *Mach, was du willst.*
Siempre vamos **adonde** tú **quieres**. *Wir gehen immer dorthin, wohin du willst.*	Ve **adonde quieras**. *Geh hin, wohin auch immer du willst.*
Siempre llamamos **cuando podemos**. *Wir rufen immer an, wenn wir können.*	Llame **cuando** usted **pueda**. *Rufen Sie an, wann immer Sie können.*
Lo hago **como** me **parece** mejor. *Ich mache es so, wie es mir am besten scheint.*	Hágalo **como** le **parezca** mejor. *Machen Sie es so, wie es Ihnen am besten scheint.*

Nach bestimmten Konjunktionen

- Nach einer Reihe von Konjunktionen, wie z. B. **para que** *(damit)*, **sin que** *(ohne dass)*, **a menos que** *(es sei denn, dass)*, **antes de que** *(bevor)*, **después de que** *(nachdem)* folgt immer der Subjuntivo.

- In Nebensätzen mit **cuando**, **mientras** oder **aunque** wird der Indikativ verwendet, wenn von gegenwärtigen oder vergangenen Handlungen oder Ereignissen die Rede ist. Wird dagegen eine Möglichkeit oder Voraussetzung in der Zukunft ausgedrückt, so verwendet man den Subjuntivo.

Indikativ	Subjuntivo
Cuando voy a la playa, siempre me pongo crema. *Wenn ich zum Strand gehe, creme ich mich immer ein.*	Mañana, **cuando vaya** a la playa, llevaré sombrero. *Morgen, wenn ich zum Strand gehe, werde ich einen Hut mitnehmen.*
Mientras estoy en la playa, leo un libro. *Während ich am Strand bin, lese ich ein Buch.*	No bebas alcohol **mientras te sientas** mal. *Trink keinen Alkohol, solange du dich unwohl fühlst.*
Aunque estoy enfermo, puedo salir. *Obwohl ich krank bin, kann ich ausgehen.*	Tienes que trabajar, **aunque estés** enfermo. *Du musst arbeiten, selbst wenn du krank bist.*

8.4.2 Der Gebrauch von Infinitiv oder Subjuntivo

Mit persönlichem Subjekt

- Ob man – nach den genannten Ausdrücken, die den Subjuntivo erfordern – den Infinitiv oder Subjuntivo verwendet, hängt davon ab, ob Haupt- und Nebensatz dasselbe Subjekt haben oder nicht. Sind die Subjekte identisch, verwendet man den Infinitiv; sind sie verschieden, verwendet man **que** + Subjuntivo:

Infinitiv	Subjuntivo
Deseo **pasar** unas buenas vacaciones en Mallorca. *Ich möchte schöne Ferien auf Mallorca verbringen.*	Te deseo **que pases** unas buenas vacaciones en Mallorca. *Ich wünsche dir, dass du schöne Ferien auf Mallorca verbringst.*
Espero **verte** pronto. *Ich hoffe, dich bald zu sehen.*	Espero **que** el lugar **sea** tranquilo. *Ich hoffe, dass der Ort ruhig ist.*
Me da igual **tener** animales o no. *Es ist mir egal, Tiere zu haben oder nicht.*	Me da igual **que tengas** un perro. *Es ist mir egal, ob du einen Hund hast.*

Mit unpersönlichen Ausdrücken

- Unpersönliche Ausdrücke stehen mit Infinitiv, wenn der Nebensatz eine allgemeine Aussage enthält *(man)*. Steht im Nebensatz ein persönliches Subjekt, verwendet man **que** + Subjuntivo:

Infinitiv	Subjuntivo
Hace falta **ahorrar** agua, pero no es necesario **exagerar**. *Es ist nötig, Wasser zu sparen, aber man muss nicht übertreiben.*	Hace falta **que** la gente **ahorre** agua, pero no es necesario **que exagere**. *Es ist nötig, dass die Leute Wasser sparen, aber sie müssen nicht übertreiben.*

9. Besondere Verben und Verbkonstruktionen

9.1 Der Gebrauch von ‚ser', ‚estar' und ‚hay'

9.1.1 Der Gebrauch von ‚ser' und ‚estar'

- Im Spanischen gibt es zwei Verben für das deutsche *sein*: **ser** und **estar**.

ser	
Identifizieren und definieren	Goya **es** un pintor famoso. Madrid **es** la capital de España.
Name, Herkunft, Beruf	María **es** de Bogotá. **Es** ingeniera. **Soy** Luis Rocas. **Soy** español.
dauerhafte Eigenschaft	Este hotel **es** bastante grande. El recepcionista **es** alto y rubio.
Farbe, Material	El traje **es** negro. **Es** de lana.
Datum und Uhrzeit	Hoy **es** jueves. **Es** el 2 de febrero. **Son** las diez y media.
Preisangabe (Gesamtbetrag)	¿Cuánto **es** en total, señora?
Besitz	Este móvil **es** de mi padre.

estar	
örtliches Befinden	La fábrica **está** en Barcelona.
persönliches Befinden	¿Cómo **estás**?
vorübergehender Zustand	Ahora **estoy** muy nervioso. Los bancos **están** abiertos.
Bewertung konkreter Speisen	Esta sopa **está** muy rica.

¡Ojo!
Der Familienstand kann mit **ser** oder **estar** angegeben werden: Juan **está**/**es** casado.

9.1.2 Der Gebrauch von ‚hay' und ‚está/están'

- **Hay** *(es gibt)* ist eine unpersönliche, unveränderliche Sonderform von **haber**.
  Es bezieht sich auf eine unbestimmte Sache:

hay +	– unbestimmter Artikel – Zahlen – unbestimmte Mengen	¿Dónde **hay** una farmacia? **Hay** un hotel en la Plaza Mayor. En Toledo **hay** 25 restaurantes. En Mallorca **hay** muchos turistas.

- **Está**/**están** drückt aus, wo sich eine bestimmte Person oder Sache befindet:

está/n +	– bestimmter Artikel – Demonstrativ- oder Possessivpronomen – Eigennamen	¿Dónde **está** la estación? Ese bar **está** en el centro. Mis padres **están** en casa. Casares **está** en Andalucía.

9.2 Der Gebrauch von ‚ir' und ‚venir', ‚llevar' und ‚traer'

- Das deutsche *kommen* kann im Spanischen **ir** oder **venir** bedeuten. Welches der beiden Verben verwendet wird, hängt davon ab, wo sich der jeweilige Sprecher befindet. Bewegt sich eine Person auf den Sprecher zu, verwendet er **venir** *(her)kommen*. Ansonsten wird **ir** *(hin)kommen* bzw. *(hin)gehen* verwendet:

◆ ¿**Vienes** a nuestra fiesta?	◆ *Kommst du zu unserer Feier?*
◇ Sí, claro que **voy**.	◇ *Ja, klar komme ich. (wörtlich: gehe ich hin)*

- Dem deutschen *bringen* entsprechen im Spanischen **llevar** oder **traer.** Bewegt sich eine Person auf den Sprecher zu, verwendet er **traer** *(mit-, her)bringen*. In allen anderen Fällen wird **llevar** *(hin)bringen* bzw. *(mit)nehmen* verwendet:

◆ ¿Quieres que **lleve** algo?	◆ *Soll ich etwas mitbringen?*
◇ Sí, **trae** pan, por favor.	◇ *Ja, bring bitte Brot mit.*

9.3 Das Verb ‚gustar'

- Das Verb **gustar** *(gefallen, mögen, etwas gern tun)* wird meistens in der 3. Person gebraucht. Zur Hervorhebung können die betonten Pronomen (**a mí**, **a ti**, ...) zusätzlich zu den unbetonten (**me**, **te**, **le**, ...) verwendet werden. Im Gegensatz zum Deutschen steht im Spanischen der Artikel des darauffolgenden Substantivs:

Me gusta el jazz.	*Mir gefällt Jazz.*
A mí me gusta el vino tinto.	*Ich mag Rotwein.*

- Man verwendet **gusta**, wenn ein Substantiv im Singular oder ein Infinitiv folgt:

Me gusta el pescado.	*Ich mag Fisch.*
A mí **me gusta** leer.	*Ich lese gern.*

- Man verwendet **gustan**, wenn ein Substantiv im Plural folgt:

¿**Te gustan** los museos?	*Gefallen dir Museen?*
Me gustan las flores.	*Mir gefallen Blumen.*

- Die Verben **encantar** und **interesar** funktionieren ebenso.

9.4 ‚Estar' + Gerundium

- Man verwendet **estar + Gerundium** zur Beschreibung einer Handlung, die gerade stattfindet:

Estoy escribiendo una carta.	*Ich schreibe gerade einen Brief.*

- Man bildet das Gerundium durch Anhängen der Endung **-ando** bzw. **-iendo** an den Verbstamm:

Verben auf **-ar**	Verben auf **-er** und **-ir**	unregelmäßige Formen	
tocar → toc**ando** hablar → habl**ando**	comer → com**iendo** discutir → discut**iendo**	leer → leyendo ir → yendo	dormir → durmiendo decir → diciendo

- Beim Gerundium können die Pronomen entweder vor der ganzen Verbkonstruktion, d. h. vor **estar** stehen oder an das Gerundium angehängt werden. In letzterem Fall trägt die Gerundiumkonstruktion einen Akzent, damit die ursprüngliche Betonung erhalten bleibt: Paula **se** está **duchando**. – Paula está **duchándose**.

9.5 ‚Ir a' + Infinitiv (‚futuro próximo')

	ir	a + Infinitiv
yo	voy	
tú	vas	
usted, él, ella	va	**a** hacer una excursión
nosotros/-as	vamos	
vosotros/-as	vais	
ustedes, ellos, ellas	van	

- Die Konstruktion **ir a + Infinitiv** dient dazu, ein Vorhaben in der Zukunft oder ein bevorstehendes Ereignis auszudrücken.

9.6 Andere Konstruktionen mit Infinitiv und Gerundium

- Im Spanischen gibt es viele verbale Konstruktionen (Periphrasen), die Beginn, Fortsetzung und Veränderung einer Handlung ausdrücken und im Deutschen meistens durch ein Adverb wiedergegeben werden.

- Objektpronomen können vor der ganzen Verbkonstruktion stehen oder an den Infinitiv bzw. das Gerundium angehängt werden:
  ¿La paella? **La** estoy preparando. / Estoy preparándo**la**.
  ¿Los ejercicios? **Los** vamos a hacer. / Vamos a hacer**los**.

9.6.1 Konstruktionen mit Infinitiv

tener que hacer	*tun müssen*	**Tienes que comer** más verdura.
ir a hacer	*tun werden*	**Voy a hacer** más ejercicio.
soler hacer	*gewöhnlich tun*	**Suelo ir** al gimnasio los jueves.
empezar a hacer	*anfangen zu tun*	Quiero **empezar a hacer** deporte.
volver a hacer	*wieder tun*	Lola **vuelve a hacer** una dieta.
dejar de hacer	*aufhören zu tun*	Mario **ha dejado de fumar**.
acabar de hacer	*gerade getan haben*	Berta **acaba de levantarse.**
seguir sin hacer	*weiterhin nicht tun*	Roberto **sigue sin beber** alcohol.
llevar un año sin hacer	*seit einem Jahr nicht tun*	**Llevamos** ya un año **sin comer** carne.

9.6.2 Konstruktionen mit Gerundium

estar haciendo	*gerade tun*	¿Qué **estás escuchando**?
seguir haciendo	*weiterhin tun*	**Seguimos estudiando** español.
llevar un año haciendo	*seit einem Jahr tun*	**Llevo** un año **viviendo** en Perú.

9.7 Das Passiv und Ersatzkonstruktionen

9.7.1 Die Bildung des Passiv

- Das Passiv wird aus **ser**, das in verschiedenen Zeiten stehen kann, und dem Partizip Perfekt gebildet. Dabei verhält sich das Partizip wie ein Adjektiv, d. h. es stimmt mit dem Subjekt in Geschlecht und Zahl überein. Wird der Urheber (das Subjekt des Aktivsatzes) genannt, verwendet man die Präposition **por**:

Aktiv	Passiv
Muchos turistas visitan el mercado. *Viele Touristen besuchen den Markt.*	El mercado **es visitado** por muchos turistas. *Der Markt wird von vielen Touristen besucht.*
Los fenicios fundaron la ciudad en el s. XII a. C. *Die Phönizier gründeten die Stadt im 12. Jh. v. Chr.*	La ciudad **fue fundada** por los fenicios en el s. XII a. C. *Die Stadt wurde von den Phöniziern im 12. Jh. v. Chr. gegründet.*

- Das Passiv wird im Spanischen nur selten und fast ausschließlich in der Schriftsprache gebraucht. Die im Abschnitt 9.7.2 folgenden Konstruktionen werden bevorzugt.

9.7.2 Unpersönliche Konstruktionen zur Vermeidung des Passiv

- Es gibt verschiedene Arten, Unpersönlichkeit auszudrücken:

2. Person Singular	Siempre **llevas** algún regalo a una boda. *Zu einer Hochzeit nimmt man immer ein Geschenk mit.*
3. Person Plural	**Dicen** que es la mejor fiesta. *Man sagt, dass es das beste Fest sei.*
se + 3. Person Singular oder Plural	**Se hace** una tarta o **se llevan** regalos. *Man backt einen Kuchen oder bringt Geschenke mit.*
Indefinitpronomen	**Algunos** van. **Nadie** hace nada especial. *Einige gehen hin. Niemand macht etwas Besonderes.*
Unpersönliche Ausdrücke	**La gente / Todo el mundo** envía tarjetas. *Die Leute schicken / Jedermann schickt Karten.*

9.7.3 Das deutsche ‚man'

- Man verwendet **se + 3. Person** des Verbs im Sinne des unpersönlichen *man* oder *es wird*. Folgt ein Substantiv im Plural, so steht auch das Verb im Plural:

En España **se come** más tarde.	*In Spanien isst man später.*
En España **se hablan** cuatro lenguas.	*In Spanien spricht man vier Sprachen.*

9.8 Die Übersetzung von ‚werden'

- Dem deutschen *werden* entsprechen im Spanischen unterschiedliche Konstruktionen:

Futur / nahe Zukunft	**Vendremos. / Vamos a venir.** *Wir werden kommen.*
Passiv	El proyecto **fue fundado** por jóvenes. *Das Projekt wurde von Jugendlichen gegründet.*
Passiv mit **se**	**Se reunieron** fondos para la escuela. *Es wurden Spenden für die Schule gesammelt.*

- Andere Bedeutungen von *werden*:

Veränderung / Entwicklung: **hacerse** + Adjektiv / Substantiv	Pedro **se hizo** rico. *Pedro wurde reich.*
Verwandlung: **convertirse en** + Substantiv	El edificio **se convirtió en** un hospital. *Das Gebäude wurde in ein Krankenhaus umgewandelt.*
Vorübergehende Veränderung des Aussehens bzw. des Gemüts: **ponerse** + Adjektiv	María **se puso** pálida / nerviosa. *María wurde bleich / nervös.*
Starke Gemüts- bzw. Charakterveränderung: **volverse** + Adjektiv / Substantiv	**Nos hemos vuelto** más tolerantes. *Wir sind toleranter geworden.* **Se ha vuelto** un idiota. *Er ist ein Idiot geworden.*
Ergebnis: (**llegar a**) **ser** + Substantiv	Quiero **llegar a ser** padrino de un niño. *Ich möchte Pate eines Kindes werden.*

- Außerdem gibt es eine Reihe von spanischen Verben, die das deutsche *werden* sozusagen in ihrer Bedeutung enthalten. Dazu gehören:

  - einige reflexive Verben wie **enfermarse** *(krank werden)*, **alegrarse** *(sich freuen)*, **enfadarse** *(wütend werden)*, **cansarse** *(müde werden)*
  - viele Verben auf **-ecer,** wie **enrojecer** *(rot werden)*, **envejecer** *(alt werden)*
  - einige Verben wie **adelgazar** *(schlank werden)*, **engordar** *(dick werden)*, **mejorar** *(besser werden)*
  - **cumplir… años** *(… Jahre alt werden)*

9.9 Entsprechungen der deutschen Modalverben

- Da die deutschen Modalverben jeweils verschiedene Bedeutungen haben, gibt es dafür im Spanischen auch mehrere Übersetzungsmöglichkeiten, die meistens Kombinationen bestimmter Verben mit einem Infinitiv oder einem Satz im Subjuntivo sind:

Pflicht / Notwendigkeit	**hay que** + Infinitiv *man muss* **tener que** + Infinitiv *müssen*	**Hay que** estar bien informado. *Man muss gut informiert sein.* **Tienes que** escuchar esta noticia. *Du musst diese Nachricht hören.*
	deber + Infinitiv *sollen*	**Debes** leer los periódicos. *Du sollst die Zeitungen lesen.*
Erlaubnis	**poder** + Infinitiv *dürfen / können*	¿**Puedo** sentarme aquí? *Darf ich mich hier hinsetzen?*
	dejar / permitir + Infinitiv / Subjuntivo *erlauben, zulassen*	Mi padre no me **permite** que fume. *Mein Vater erlaubt mir nicht, dass ich rauche.* ¡No me **dejáis** hablar! *Ihr lasst mich nicht zu Wort kommen!*
Verbot	**no deber** + Infinitiv *nicht dürfen*	¡**No debes** aceptarlo! *Du darfst das nicht akzeptieren!*
Notwendigkeit	**necesitar / hacer falta** + Infinitiv / Subjuntivo *müssen / brauchen / nötig sein*	**Necesitamos** descansar. *Wir müssen uns ausruhen.* No **hace falta** que me ayudes. *Du brauchst mir nicht zu helfen.*
Möglichkeit	**poder** + Infinitiv *können*	Mañana no **puedo** venir. *Morgen kann ich nicht kommen.*
Fähigkeit	**saber** + Infinitiv *können / wissen (wie)*	Lucía **sabe** nadar muy bien. *Lucía kann sehr gut schwimmen.*

9.9.1 Die Verben ‚poder' und ‚saber'

- Dem deutschen Verb *können* entsprechen die spanischen Verben **poder** und **saber**, je nachdem, ob es sich um eine Möglichkeit, Fähigkeit oder Erlaubnis handelt:

Fähigkeit	¿**Sabes** esquiar?	*Kannst du Ski fahren?*
Wissen	¿**Sabe** usted dónde está Correos?	*Wissen Sie, wo die Post ist?*
Möglichkeit	¿**Puedes** reservar la mesa? Lo siento, el lunes no **puedo**.	*Kannst du den Tisch reservieren?* *Tut mir leid, am Montag kann ich nicht.*
Erlaubnis	¿**Puedo** pagar con tarjeta?	*Kann ich mit Kreditkarte zahlen?*

10. Das Adverb

Anders als im Deutschen ist die Unterscheidung zwischen Adjektiv und Adverb im Spanischen wichtig. Adjektive dienen zur näheren Bestimmung eines Substantivs und stimmen mit ihm in Geschlecht und Zahl überein. Adverbien bestimmen ein Verb, ein Adjektiv, ein anderes Adverb oder einen ganzen Satz näher und sind unveränderlich:

Adjektiv	Adverb
Tengo una bicicleta **rápida**.	Con ella voy **rápidamente** al centro.
María es una muy **buena** cocinera.	María cocina muy **bien**.
Los ejercicios de gramática son **buenos**.	Pero no están **bien** explicados.
Tengo una **mala** noticia: Cristina está enferma.	Cristina tiene fiebre y se siente **mal**.

10.1 Abgeleitete Adverbien auf ‚-mente'

tranquilo	tranquil**amente**
rápido	rápid**amente**
frecuente	frecuente**mente**
regular	regular**mente**
fácil	fácil**mente**

Viele Adverbien werden von Adjektiven abgeleitet. Dabei hängt man die Endung **-mente** an die weibliche Form des Adjektivs an. Endet das Adjektiv auf **-e** oder auf **Konsonant**, hängt man die Endung direkt an. Adjektive mit Akzent behalten ihn. Adverbien sind unveränderlich.

Ein Reihe von Adverbien wie **normalmente, realmente, solamente** haben eine eigene Bedeutung angenommen und werden kaum noch als abgeleitete Form des entsprechenden Adjektivs wahrgenommen:

Es una historia **real**. — *Das ist eine wahre Geschichte.* (*wahr* = nicht erfunden)

Esta historia es **realmente** interesante. — *Diese Geschichte ist wirklich interessant.* (*realmente* hat hier eine verstärkende Funktion)

ojo

Einige Adverbien haben die gleiche Form wie das männliche Adjektiv, z. B. **mucho, poco, rápido**. Als Adverbien sind sie unveränderlich:

¡Tienes que venir **rápido** / rápidamente! — *Du musst schnell kommen!*

¡Habla más **claro**! — *Sprich deutlicher!*

10.2 Ursprüngliche Adverbien

Es gibt viele Adverbien, die nicht von Adjektiven abgeleitet werden.

10.2.1 Orts- und Richtungsangaben

aquí	*hier*	delante	*davor*	a la derecha	*(nach) rechts*
ahí	*dort*	detrás	*dahinter*	a la izquierda	*(nach) links*
allí	*dort drüben*	encima	*darauf*	enfrente	*gegenüber*
cerca	*nahe*	debajo	*darunter*	dentro	*innen*
lejos	*weit weg*	al lado	*daneben*	fuera	*außen*

10.2.2 Zeitangaben

hoy	*heute*	siempre	*immer*	primero	*zuerst*
ayer	*gestern*	nunca	*nie*	entonces	*dann, damals*
mañana	*morgen*	temprano	*früh*	luego	*dann, nachher*
ahora	*jetzt*	tarde	*spät*	ya	*schon*
antes	*vorher, früher*	pronto	*bald*	todavía	*noch*
después	*danach*	enseguida	*sofort*	ya no	*nicht mehr*

10.2.3 Mengen- und Intensitätsangaben

mucho	*viel, häufig*	nada	*überhaupt nicht*	casi	*fast*
poco	*wenig, selten*	demasiado	*zu (sehr)*	sólo	*nur*
muy	*sehr*	bastante	*ziemlich*	además	*außerdem*
tan(to)	*so (viel / sehr)*	más	*mehr*		
algo	*etwas*	menos	*weniger*		

10.2.4 Angaben der Art und Weise

así	*so*	regular	*mittelmäßig*	rápido	*schnell*
bien	*gut, richtig*	mal	*schlecht, falsch*	despacio	*langsam*

10.2.5 Adverbiale Ausdrücke

- Es gibt adverbiale Ausdrücke, die zur Bestimmung des Ortes, der Zeit oder der Art und Weise dienen. Hier eine Auswahl:

a tiempo	*rechtzeitig*	de vez en cuando	*ab und zu*
a veces	*manchmal*	en general	*im Allgemeinen*
con cuidado	*sorgfältig, vorsichtig*	por casualidad	*zufällig*
con frecuencia	*häufig*	por fin	*endlich*
con gusto	*gern*	por la mañana	*vormittags*
de cerca	*von Nahem*	por lo general	*im Allgemeinen*
de lejos	*von Weitem*	por suerte	*zum Glück*
de repente	*plötzlich*	por supuesto	*selbstverständlich*
de verdad	*wirklich*	sobre todo	*vor allem*

10.3 Der Gebrauch von ‚muy' und ‚mucho'

- Das Adverb **muy** *(sehr)* steht vor Adjektiven oder Adverbien:

La película es **muy** buena.	*Der Film ist sehr gut.*
En este restaurante se come **muy** bien.	*In diesem Restaurant isst man sehr gut.*

- Als Adverb ist **mucho** *(sehr, viel, oft)* unveränderlich und steht bei Verben oder allein:

Mi jefe trabaja **mucho**.	*Mein Chef arbeitet viel.*
Vamos **mucho** a la playa.	*Wir gehen häufig zum Strand.*
¿Te gusta tu trabajo? – Sí, **mucho**.	*Gefällt dir deine Arbeit? – Ja, sehr.*

- Als Adjektiv ist **mucho** *(viel/e)* veränderlich und richtet sich nach dem zugehörigen Substantiv:

En el centro hay **mucho** tráfico.	*Im Zentrum herrscht viel Verkehr.*
Muchos centros comerciales abren los domingos.	*Viele Einkaufscenter haben sonntags geöffnet.*
Tienen **mucha** variedad de productos.	*Sie haben ein breit gefächertes Angebot.*
Siempre hay **muchas** ofertas.	*Es gibt (dort) immer viele Angebote.*

10.4 Der Gebrauch von ‚también' und ‚tampoco'

	Aussage	Zustimmung	Widerspruch
positive Aussage	◆ Trabajamos mucho. *Wir arbeiten viel.* ◆ Me gusta la ópera. *Mir gefällt die Oper.*	◇ Nosotros también. *Wir auch.* ◇ A mí también. *Mir auch.*	❖ Nosotros no. *Wir nicht.* ❖ A mí no. *Mir nicht.*
negative Aussage	◆ No tengo tiempo. *Ich habe keine Zeit.* ◆ No me gusta el jazz. *Mir gefällt kein Jazz.*	◇ Yo tampoco. *Ich auch nicht.* ◇ A mí tampoco. *Mir auch nicht.*	❖ Yo sí. *Ich schon.* ❖ A mí sí. *Mir schon.*

11. Präpositionen

11.1 Der Gebrauch von ‚a', ‚en' und ‚de'

11.1.1 Die Präposition ‚a' (a + el = al)

Richtung *(nach, bis, zu)*	Voy **a** España en junio. ¿Este tren va **a** Madrid?
Ortsangaben	El hotel está **a** la izquierda del parque, **al** lado del teatro.
Entfernung	Toledo está **a** 71 kilómetros de Madrid.
Uhrzeit *(um, bis)*	¿**A** qué hora abre el banco? – **A** las nueve. Abre de 9 **a** 12.
Häufigkeit *(in, pro)*	Nos vemos una vez **a** la semana / **al** mes.
Art und Weise *(mit, zu, auf … Art)*	Vamos siempre **a** pie. Me gusta la merluza **a** la romana.
Altersangaben *(mit … Jahren)*	**A** los veinte años…
beim indirekten Objekt (Dativ)	¿Qué le regalamos **a** Marta?
beim direkten Objekt (Akkusativ), wenn es eine bestimmte Person ist	¿Conoces **a** mi hermana Claudia? Tenemos que llamar **al** médico.
nach bestimmten Verben	¿**Jugamos a** las cartas o **al** fútbol? Laura **ha empezado a** hacer yoga. ¿Qué **vas a** hacer este sábado?

11.1.2 Die Präposition ‚en'

Ortsangaben *(in, auf)*	Trabajo **en** un hospital. Tu libro está **en** la mesa.
Zeitangaben *(in)*	**En** junio tengo vacaciones. Vamos a Chile **en** verano. **En** una hora estoy allí.
Verkehrsmittel *(mit)*	¿Vas **en** choche? – No, **en** tren.
Sprache *(in, auf)*	¿Cómo se dice esto **en** español?
Fachgebiet *(in, für)*	Es especialista **en** informática.
nach bestimmten Verben	¿**Entramos en** este bar y tomamos un café? Siempre **estás pensando en** el trabajo.
in adverbialen Ausdrücken	¿**En serio**?

11.1.3 Die Präposition ‚de' (de + el = del)

Besitz, Zugehörigkeit *(von)*	Este coche es **de** mi hermano.
Herkunft, Ursprung *(von, aus)*	Soy **de** Málaga. Me gusta el vino **de** Rioja.
Material *(aus)*	La blusa es **de** pura seda.
Mengenangabe, Inhalt *(mit, von)*	Quería un kilo **de** tomates.
Spezifizierung *(mit, von)*	La escuela ofrece un curso **de** japonés.
äußerliches Merkmal *(mit)*	Manolo es el **de** la barba.
Dauer *(von)*	El desayuno es **de** siete a nueve.
Datumsangaben	El uno **de** mayo **de** 2001.
Tageszeit	Son las diez **de** la noche, señores.
mit anderen Präpositionen	**Después de** esta reunión vamos al restaurante.
Vergleich mit Zahlen *(als)*	Luis tiene **más de** 50 años.
in adverbialen Ausdrücken	¿**De verdad**?

11.2 Der Gebrauch von ‚por' und ‚para'

Der Gebrauch von **por** und **para** ist für deutschsprachige Lerner schwierig, da beide Präpositionen häufig dieselbe Bedeutung bzw. Übersetzung *(für)* haben.

11.2.1 Die Präposition ‚por'

por	
Grund / Ursache *(wegen, für)*	Gracias **por** el regalo. ◆ ¿Por qué aprendes español? ◇ **Por** mi cuñada.
ungefähre Zeitangabe	Hago los deberes **por** la noche.
ungefähre Ortsangabe *(an, vorbei, in)*	Voy a pasar **por** la casa de Ana. Está **por** aquí.
Durchgangsort *(durch, über)*	Vamos a dar un paseo **por** la ciudad.
Einverständnis *(z. B. meinetwegen)*	**Por** mí podemos escuchar ahora el CD.
(Kommunikations-, Transport-)Mittel *(per, mit)*	El cliente llama **por** teléfono. Quiero enviar esta carta **por** avión.
Preis / Leistung / Tausch *(für)*	Lo vendo **por** 10 €.
Häufigkeit / Geschwindigkeit *(pro, in)*	Tengo clase tres veces **por** semana. Vamos a 200 kilómetros **por** hora.
feste Wendungen	**por lo general, por supuesto, por último**

11.2.2 Die Präposition ‚para'

para	
Ziel / Vorhaben / Absicht / Bestimmung / Zweck *(für, um zu)*	Este regalo es **para** tu cumpleaños. ◆ ¿Por qué aprendes español? ◇ **Para** hablar con mi cuñada.
Termin / Frist *(für, bis)*	Quiero los deberes **para** el lunes.
Zielort *(nach)*	Hace tres años, Jorge se fue **para** Chile.
Standpunkt *(für, nach Meinung von)*	**Para** mí, conjugar los verbos no tiene sentido.
Adressat *(für)*	Este regalo es **para** María.
feste Wendungen	**para siempre, para nada**

11.3 Örtliche Beziehungen

a la derecha de	*rechts von*	delante de	*vor*
a la izquierda de	*links von*	detrás de	*hinter*
al lado de	*neben*	debajo de	*unter*
enfrente de	*gegenüber von*	encima de	*auf, über*
entre	*zwischen*	dentro de	*innerhalb von*
cerca de	*nahe bei*	fuera de	*außerhalb von*
lejos de	*weit von*	al final de	*am Ende von*

11.4 Zeitliche Beziehungen

11.4.1 Der Gebrauch von ‚antes de' und ‚después de'

antes de +	Zeitangabe Substantiv Verb	Llama **antes de las seis.** Llama **antes de la cena.** Llama **antes de venir.**	*Ruf vor sechs Uhr an.* *Ruf vor dem Essen an.* *Ruf an, bevor du kommst.*
después de +	Zeitangabe Substantiv Verb	Salimos **después de las diez.** **Después de la cena** me voy. **Después de terminar**, María se fue de vacaciones.	*Wir gehen nach 10 Uhr aus.* *Nach dem Essen gehe ich.* *Nachdem sie fertig war, ist María in Urlaub gefahren.*

- Mit **antes de** gibt man an, dass ein Ereignis zeitlich vor einem anderen liegt, egal ob man sich auf die Vergangenheit, Gegenwart oder Zukunft bezieht. Folgt ein Verb, verwendet man im Deutschen einen Nebensatz:

Llámame **antes de venir**.	*Ruf mich an, bevor du kommst.*
Juan no llamó **antes de venir**.	*Juan hat nicht angerufen, bevor er gekommen ist.*

- Mit **después de** gibt man an, dass ein Ereignis zeitlich nach einem anderen liegt, egal ob man sich auf die Vergangenheit, Gegenwart oder Zukunft bezieht:

Después de terminar, María se fue.	*Nachdem sie fertig war, ist María weggegangen.*
Después de jubilarme quiero viajar mucho.	*Nachdem ich pensioniert bin, will ich viel reisen.*

11.4.2 Der Gebrauch von ‚hace', ‚desde' und ‚desde hace'

vor		seit	
	una hora		las 5 y media
	algunos días		1985
hace +	tres meses	**desde** +	mi viaje a Perú
	varios años		**hace** una hora
	mucho tiempo		**hace** tres meses

- Mit **hace** gibt man an, wann etwas geschah. Mit **desde** gibt man an, seit wann (Zeitpunkt) etwas andauert. Mit **desde hace** gibt man an, seit wann (Zeitraum) etwas andauert.

- Mit **hace** *(vor)* bezieht man sich auf ein Ereignis in der Vergangenheit und gibt an, wie lange es zurückliegt:

Hace tres años llegué a Sevilla.	*Vor drei Jahren kam ich nach Sevilla.*

- Mit **desde** *(seit)* benennt man einen konkreten Zeitpunkt der Vergangenheit, an dem etwas begann, das bis heute andauert:

Desde 2003 vivimos en Sevilla.	*Seit 2003 wohnen wir in Sevilla.*

- Mit **desde hace** *(seit)* bezieht man sich ebenfalls auf etwas, das bis heute andauert, aber statt des konkreten Zeitpunkts gibt man den seitdem vergangenen Zeitraum an:

Desde hace tres años vivimos en Sevilla.	*Seit drei Jahren wohnen wir in Sevilla.*

12. Konnektoren

- Konnektoren dienen dazu, einzelne Wörter, Sätze oder Teile von Sätzen miteinander zu verbinden. Vergleichen Sie:

Tengo sueño. No puedo dormir.	*Ich bin müde. Ich kann nicht schlafen.*
Aunque tengo sueño, no puedo dormir.	*Obwohl ich müde bin, kann ich nicht schlafen.*
Por una parte tengo sueño, **por otra** no puedo dormir.	*Einerseits bin ich müde, andererseits kann ich nicht schlafen.*

- Hier finden Sie einige der wichtigsten Konnektoren:

además	*außerdem*	**Además**, Andrés sabe alemán.
así	*so*	Hice el Camino con ocho amigas, **así** nos divertimos mucho.
así que	*so dass*	Nos dolían los pies, **así que** tuvimos que hacer muchas pausas.
aunque	*obwohl*	**Aunque** tengo ya 65 años hice el Camino sin problemas.
como	*da*	**Como** era más barato, decidimos tomar un taxi.
como	*wie*	Haz el ejercicio **como** dice la profesora.
cuando	*wenn*	**Cuando** hace mal tiempo, mucha gente se queda en casa.
cuando	*als*	**Cuando** Esther llegó a Dresde, no sabía el idioma.
en cambio	*hingegen*	En Chile tenía un trabajo agradable, **en cambio** aquí tuvo problemas.
en consecuencia	*folglich*	Es vegetariano. **En consecuencia** no come carne.
en resumen	*zusammen-fassend*	**En resumen**, Andrés es un genio.
entonces	*dann*	Si algo le gusta, **entonces** le dedica todo su tiempo.
en vez de	*anstatt*	**En vez de** perder el ánimo, empezó a aprender alemán.
incluso	*sogar*	Escribe muy bien. **Incluso** ha publicado algunos poemas.
hasta que	*bis*	Se quedó aquí **hasta que** conoció a su marido.
mientras	*während*	**Mientras** Caperucita recogía flores, el lobo corrió a casa de la abuela.
mientras que	*während*	Le encanta la música, **mientras que** odia bailar.
ni… ni…	*weder … noch …*	**Ni** Juana **ni** Mario van a venir.

no… ni	*weder … noch*	**No** conozco el cuento de Alí Babá **ni** el de la Bella Durmiente.
no… sino	*nicht / kein …, sondern*	Esto **no** es un CD **sino** un DVD.
no sólo…, sino también	*nicht nur …, sondern auch*	**No sólo** tiene facilidad para los idiomas, **sino también** para la música.
o	*oder*	¿Quieres una cerveza **o** un refresco?
o… o	*entweder … oder*	**O** leemos el texto en la pantalla **o** lo imprimimos para leerlo después.
para que	*damit*	La empresa me ha mandado a un curso **para que** aprenda inglés.
pero	*aber*	El trabajo es interesante, **pero** tengo que hacer muchas horas extras.
por eso	*deshalb*	En abril es la fiesta del Rocío, **por eso** hay mucha gente en Huelva.
por una parte…, por otra	*einerseits …, andererseits*	**Por una parte** le gusta mucho viajar, **por otra** no tiene tiempo para hacerlo.
por último	*zum Schluss*	**Por último**, le encanta pintar.
porque	*weil*	Frida adornaba su casa **porque** el Día de los Muertos era muy importante.
que	*dass*	Espero **que** lo paséis bien.
si	*ob*	¿Sabe usted **si** hay una farmacia por aquí?
si	*wenn, falls*	**Si** quieres, te ayudo.
sin embargo	*trotzdem, jedoch*	La situación no es fácil. **Sin embargo**, no perdemos el optimismo.
y	*und*	Pronto os voy a visitar **y** entonces organizamos una fiesta.

■ Man verwendet auch Konnektoren, damit ein Gespräch flüssig verläuft, z. B.:

das Thema wechseln	◆ **Hablando de** María, ¿dónde está?
Zeit gewinnen	◇ **Bueno**, **pues** no sé. Quizá en su casa.
umformulieren	◆ **O sea** / **Es decir**, no sabes dónde está.
zum Weitersprechen auffordern	◆ Me he enterado de una cosa. ◇ ¿**Ah sí**? Cuenta, cuenta.
wiederholen	◇ ¿**Que** te has enterado de una cosa?
Spannung aufrechterhalten	◆ Se ha comprado un barco, ¿**sabes**?

13. Zahlen und Zeitangaben

13.1 Die Grundzahlen

0 cero		30 treinta	500 **quinientos**
1 uno	11 once	40 cuarenta	600 seiscientos
2 dos	12 doce	50 cincuenta	700 **se**tecientos
3 tres	13 trece	60 sesenta	800 ochocientos
4 cuatro	14 catorce	70 setenta	900 **no**vecientos
5 cinco	15 quince	80 ochenta	1000 mil
6 seis	16 dieciséis	90 noventa	1100 mil cien
7 siete	17 diecisiete	100 cien	2000 dos mil
8 ocho	18 dieciocho	200 doscientos	100.000 cien mil
9 nueve	19 diecinueve	300 trescientos	200.000 doscientos mil
10 diez	20 veinte	400 cuatrocientos	1.000.000 un millón

21, 22, 23…	vein**ti**uno, vein**ti**dós, vein**ti**trés…
31, 32, 33…	treinta **y** uno, treinta **y** dos, treinta **y** tres…
101, 102, 103…	cien**to** uno, cien**to** dos, cien**to** tres…
201, 202, 203…	doscientos uno, doscientos dos, doscientos tres…
1001, 1002…	mil uno, mil dos…

- **Uno** wird vor männlichen Substantiven zu **un**, vor weiblichen zu **una**: veinti**ún** euros, treinta y **una** páginas.

- Die (glatte) Zahl 100 heißt **cien**: **cien** coches, **cien** bicicletas, **cien** mil euros. Von 101 bis 199 verwendet man **ciento**: **ciento** dos bicicletas, **ciento** cincuenta coches.

- Ab 200 haben die Hunderter eine männliche und eine weibliche Form und richten sich nach dem nachfolgenden Substantiv: quinient**os** eur**os**, doscient**as** págin**as**.

- **Mil** ist unveränderlich: tres **mil** euros, cien **mil** dólares.

- Zwischen **millón** und dem nachfolgenden Substantiv steht **de**: dos millones **de** habitantes.

13.1 Die Ordnungszahlen

1° primero	3° tercero	5° quinto	7° séptimo	9° noveno
2° segundo	4° cuarto	6° sexto	8° octavo	10° décimo

- Man verwendet die Ordnungszahlen in der Regel nur bis 10. Darüber hinaus gebraucht man die entsprechenden Grundzahlen: el capítulo dieciséis *(das sechzehnte Kapitel)*.

- Ordnungszahlen richten sich in Geschlecht und Zahl nach dem Substantiv, auf das sie sich beziehen: el quint**o** piso, la segund**a** planta.
  Primero und **tercero** werden vor männlichen Substantiven im Singular verkürzt: el **primer** / **tercer** piso. Aber: la primer**a** / tercer**a** planta.

- Nach Ordnungszahlen steht kein Punkt, sondern die entsprechende Endung: el 1er (prim**er**) capítulo, el 2° (segund**o**) capítulo, la 2^{a} (segund**a**) lección.

13.3 Die Prozentzahlen, Bruchzahlen und Vielfachen

- Die **Prozentzahlen** können im Spanischen mit dem bestimmten oder mit dem unbestimmten Artikel stehen:
  un/el 15 % (por ciento) de los españoles — *15 Prozent der Spanier*

  Während man im Deutschen z. B. von *3, (Komma) 5 Prozent* spricht, ist im Spanischen meist von *3. (punto) 5 por ciento* die Rede.

- Im Folgenden finden Sie die wichtigsten **Bruchzahlen** und **Vielfachen**:

la mitad	*die Hälfte*	el doble	*das Doppelte*
un tercio	*ein Drittel*	el triple	*das Dreifache*
la tercera / cuarta / quinta parte	*der dritte / vierte / fünfte Teil*	cuatro / cinco veces más	*vier / fünf Mal so viel*

El desempleo es hoy más del doble. — *Die Arbeitslosigkeit beträgt heute mehr als das Doppelte.*

13.4 Das Datum

Bei Datumsangaben werden Grundzahlen verwendet:	El **dos** de enero de 2005.
Zwischen Tag und Monat, Monat und Jahr steht **de**:	El trece **de** julio **de** 2001.
Vor dem Datum steht **el**:	Nos vemos **el** cinco de mayo.
Beim Datum im Briefkopf entfällt **el**:	Madrid, 20 de marzo de 2007.

13.5 Die Uhrzeit

- Die Uhrzeit wird mit **ser** + bestimmtem Artikel angegeben. Man verwendet meistens nur die Zahlen 1–12 und präzisiert bei Bedarf die Tageszeit mit **de la mañana/tarde/noche.** Nur bei amtlichen Zeitangaben wird bis 24 gezählt. Den Zeitpunkt *(„um … Uhr“)* gibt man mit **a** an:

  ◆ ¿Qué hora es? ◇ **Es la** una.
  ◆ ¿Tiene hora? ◇ **Son las** cinco de la tarde.
  ◆ ¿**A** qué hora sale el tren? ◇ **A** las catorce horas (y) quince (minutos).

- Minuten, Viertel- und halbe Stunden werden mithilfe von **y** zur vorangehenden Stunde hinzugezählt, nach „halb“ mithilfe von **menos** von der kommenden Stunde abgezogen.

13.6 Angaben zu Zeit und Häufigkeit

primero	*zuerst*	siempre	*immer*
después	*nachher, später*	regularmente	*regelmäßig*
luego	*dann, danach*	muchas veces	*oft*
al final	*schließlich*	algunas veces	*mehrmals, öfter*
ahora	*jetzt*	pocas veces	*selten*
antes	*vorher, früher*	una vez (al año)	*einmal (im Jahr)*
más tarde	*später*	una vez por semana	*einmal pro Woche*
ayer	*gestern*	de vez en cuando	*ab und zu*
hoy	*heute*	casi nunca	*fast nie*
mañana	*morgen*	nunca	*nie*

13.7 Mengenangaben

todos/-as (los, las)	*alle*	Trabajo todos los días.
casi todos/-as	*fast alle*	Casi todos los chicos van al cine.
la mayoría	*die Mehrheit*	La mayoría va con amigos.
muchos/-as	*viele*	Muchos turistas van en coche.
algunos/-as	*einige*	Algunos prefieren el tren.
pocos/-as	*wenige*	Pocos van en bicicleta.
casi nadie	*fast niemand*	Y casi nadie quiere ir a pie.
nadie	*niemand*	Nadie ha preparado la comida.
nada	*nichts*	Por eso no comemos nada.
algo	*etwas*	¿O tienes algo en casa?

14. Der Satz

14.1 Die Wortstellung im Satz

- Das Spanische verfügt, im Vergleich zu anderen Sprachen, über eine große Wortstellungsfreiheit. Prinzipiell kann daher so gut wie jedes Satzglied an so gut wie jeder Stelle im Satz erscheinen. Die häufigste Wortfolge lautet jedoch wie im Deutschen Subjekt – Verb – Objekt (S – V – O):
  Susana odia a Marieta.
  Miriam escribe una carta a su madre.

- Diese Wortfolge ändert sich unter anderem dann, wenn der Sprecher etwas besonders betonen will:
  Mi hermana llegará a las ocho.
  A las ocho llegará mi hermana.
  Llegará mi hermana a las ocho.

14.2 Die Verneinung

- Im Spanischen wird ein Satz verneint, indem man **no** vor das konjugierte Verb stellt. Im Deutschen wird dieses **no** mit *nicht* oder *kein* übersetzt:

No me he duchado hoy.	*Ich habe mich heute nicht geduscht.*
No he tenido tiempo.	*Ich hatte keine Zeit.*

- Steht nach dem Verb ein verneinendes Indefinitpronomen, so muss vor dem Verb zusätzlich **no** stehen:

No lo sabe **nadie**. / **Nadie** lo sabe.	*Das weiß niemand. / Niemand weiß das.*
No llego **nunca** tarde. / **Nunca** llego tarde.	*Ich komme nie zu spät.*

14.3 Der Fragesatz

- In Fragesätzen entspricht die Wortstellung im Spanischen in der Regel der deutschen, d. h. das Subjekt steht hinter dem Verb:

¿Viene Carmen a la fiesta?	*Kommt Carmen zu der Feier?*
¿Dónde está Joaquín?	*Wo ist Joaquín?*

- Fragen ohne Fragewort können aber auch die gleiche Struktur wie die Aussagesätze haben, sie sind dann nur an der Satzmelodie als Frage zu erkennen:

¿Carmen viene hoy?	*Kommt Carmen heute?*

- Man hängt an eine Aussage ¿**no**? oder ¿**verdad**?, wenn man eine Vermutung bestätigt haben möchte:

El hotel tiene aire acondicionado, ¿**no**?	*... nicht (wahr)?*
Tú me ayudas, ¿**verdad**?	*... nicht wahr?*

14.3.1 Die Fragewörter

- Fragewörter tragen im Spanischen immer einen Akzent. Das gilt auch für indirekte Fragen.

¿**Qué** + Verb?	*Was?*	¿**Qué** hace usted?
¿**Qué** + Substantiv?	*Welche/r/s?*	¿**Qué** lenguas hablas?
¿**Quién**?	*Wer?*	¿**Quién** es Antonio Banderas?
¿**Quiénes**?	*Wer?*	¿**Quiénes** son esas personas?
¿**Dónde**?	*Wo?*	¿Sabe usted **dónde** hay una farmacia?
¿**Adónde**?	*Wohin?*	¿**Adónde** vamos mañana?
¿**De dónde**?	*Woher?*	¿**De dónde** es usted?
¿**Cuándo**?	*Wann?*	¿**Cuándo** tienes vacaciones?
¿**Desde cuándo**?	*Seit wann?*	¿**Desde cuándo** se conocen?
¿**Hasta cuándo**?	*Bis wann?*	¿**Hasta cuándo** te quedas en Alemania?
¿**Cuánto/-a**?	*Wie viel?*	¿**Cuánto** cuesta esta falda?
¿**Cuántos/-as**?	*Wie viele?*	¿**Cuántos** pisos tiene la casa?
¿**Cómo**?	*Wie?*	¿**Cómo** te llamas?
¿**Por qué**?	*Warum?*	¿**Por qué** no vienes?
¿**Cuál**?	*Welche/r/s?*	¿**Cuál** es el programa antivirus más completo?
¿**Cuáles**?	*Welche?*	¿**Cuáles** son los síntomas?

14.3.2 Der Gebrauch von ‚¿qué?' und ‚¿cuál/es?'

- **Qué** wird verwendet, um zwischen verschiedenen Sachen auszuwählen:

Tengo vino y cerveza. ¿**Qué** prefieres?	*Ich habe Wein und Bier. Was möchtest du lieber?*

- **Cuál/es** wird verwendet, um zwischen verschiedenen Sorten einer Sache auszuwählen:

Tengo vino tinto y blanco. ¿**Cuál** prefieres?	*Ich habe Rotwein und Weißwein. Welchen möchtest du?*
Hay aceitunas negras y verdes. ¿**Cuáles** te gustan más?	*Es gibt schwarze und grüne Oliven. Welche magst du lieber?*

14.3.3 Der direkte und der indirekte Fragesatz

- Fragewörter tragen immer einen Akzent, egal ob sie eine direkte oder indirekte Frage einleiten. Hat die direkte Frage kein Fragewort, wird die indirekte Frage mit **si** *(ob)* eingeleitet:

direkte Frage	indirekte Frage
La "madrugá", ¿es la noche del Jueves Santo? *Ist die „madrugá" die Nacht vom Gründonnerstag?*	Quiero saber **si** es la noche del Jueves Santo. *Ich möchte wissen, ob es die Nacht vom Gründonnerstag ist.*
¿**Qué** significa "costalero"? *Was bedeutet „costalero"?*	Me interesaría saber **qué** significa "costalero". *Ich möchte wissen, was „costalero" bedeutet.*
¿**Cuál** es la procesión más antigua? *Welches ist die älteste Prozession?*	Pregunta **cuál** es la procesión más antigua. *Er fragt, welches die älteste Prozession ist.*
¿**Cómo** se celebra la fiesta en Colombia? *Wie wird das Fest in Kolumbien gefeiert?*	Quiero conocer **cómo** se celebra la fiesta. *Ich möchte erfahren, wie das Fest gefeiert wird.*
¿**Por qué** se cantan las saetas? *Warum singt man Saetas?*	Me gustaría saber **por qué** se cantan las saetas. *Ich möchte gerne wissen, warum man Saetas singt.*
¿**Quién** lleva las imágenes? *Wer trägt die Figuren?*	Me pregunto **quién** lleva las imágenes. *Ich frage mich, wer die Figuren trägt.*

14.4 Der Ausrufesatz

- Ein Ausrufe- oder Exklamativsatz drückt in der Regel Bewunderung, Bedauern oder Verwunderung, Freude, Enttäuschung oder Verärgerung aus. Die spanische und die deutsche Wortstellung sind sich hier meist sehr ähnlich:

¡Qué bien!	*Wie toll! / Super!*
¡Qué horror!	*Wie entsetzlich!*
¡Qué bien hablas español!	*Wie gut du Spanisch sprichst!*

14.4.1 Die Ausrufewörter

- Die Ausrufewörter tragen ebenso wie die Fragewörter einen Akzent, auch in indirekten Ausrufen:

¡**Qué**!	¡**Qué** alegría!	*Was für eine Freude!*
	¡**Qué** bonito!	*Wie schön!*
	¡**Qué** bien hablas español!	*Wie gut du Spanisch sprichst!*
¡**Cuánto**!	¡No sabes **cuánto** me alegro!	*Du weißt nicht, wie sehr ich mich freue!*
¡**Cómo**!	¡**Cómo** nos has sorprendido!	*Hast du uns aber überrascht!*

14.5 Der Relativsatz

- Man verwendet Relativsätze, um ein Substantiv näher zu bestimmen. Den deutschen Relativpronomen *der, die, das* und *den* entspricht im Spanischen **que**:

Carmen tiene una hermana **que** se llama Laura.	*Carmen hat eine Schwester, die Laura heißt.*
Tiene un hermano **que** vive con su madre.	*Sie hat einen Bruder, der bei seiner Mutter lebt.*
Casares es un lugar **que** no conocemos.	*Casares ist ein Ort, den wir nicht kennen.*

- In Verbindung mit Orten benutzt man **donde**:

Tenemos una casa **donde** pasamos las vacaciones.	*Wir haben ein Haus, wo (in dem) wir die Ferien verbringen.*

- **Lo que** bezieht sich meist auf einen ganzen Satz und entspricht dem deutschen Relativpronomen *(das,) was:*

Lo que necesito son unas vacaciones.	*Was ich brauche, sind Ferien.*

Vergleichen Sie auch mit Abschnitt 6.7 (Die Relativpronomen).

14.6 Der Bedingungssatz

- Bedingungssätze haben zwei Teile: Im Nebensatz wird eine Bedingung aufgestellt und im Hauptsatz eine Folge dieser Bedingung ausgedrückt. Am häufigsten wird der Nebensatz mit **si** eingeleitet. Die Verwendung der Zeiten hängt davon ab, für wie wahrscheinlich der Sprecher die Erfüllung der Bedingung hält.

14.6.1 Der reale Bedingungssatz

- Ist die Bedingung aus Sicht des Sprechers in der Gegenwart oder in der Zukunft erfüllbar, steht im **Si**-Satz Indikativ Präsens, im Hauptsatz Präsens oder Futur:

Bedingung: **Si** + Indikativ Präsens	Hauptsatz: Imperativ / Präsens / Futur
Si está comunicando, *Wenn es besetzt ist,*	**llame** otra vez. *rufen Sie erneut an.*
Si hoy **tengo** tiempo, *Wenn ich heute Zeit habe,*	te **llamo**. *rufe ich dich an.*
Si mañana no **llueve**, *Wenn es morgen nicht regnet,*	**iremos** de excursión. *werden wir einen Ausflug machen.*

- Weitere Konjunktionen zur Einleitung eines Bedingungssatzes sind **excepto si** *(außer wenn)*, **en caso de que** *(falls)* und **a menos que** *(es sei denn, dass)*. Auf die beiden letzteren folgt der Subjuntivo:

La energía se terminará **excepto si ahorramos.**	*Die Energie wird zu Ende gehen, es sei denn, wir sparen.*
En caso de que ahorremos, se controlará el problema ecológico.	*Falls wir sparen, wird das Umweltproblem unter Kontrolle sein.*
El problema va a seguir **a menos que** los gobiernos **hagan** algo.	*Das Problem wird weiter bestehen, es sei denn, die Regierungen tun etwas.*

14.6.2 Der irreale Bedingungssatz der Gegenwart

- Ist die Bedingung aus Sicht des Sprechers in der Gegenwart oder in der Zukunft schwer oder gar nicht erfüllbar, steht im **Si**-Satz Imperfekt des Subjuntivo und im Hauptsatz Konditional:

Bedingung: **Si** + Imperfekt des Subjuntivo	Hauptsatz: Konditional
Si hiciera mal tiempo todo el verano, *Wenn den ganzen Sommer schlechtes Wetter wäre,*	**haríamos** un viaje al Caribe. *würden wir eine Reise in die Karibik machen.*
Si fuera millonario, *Wenn ich Millionär wäre,*	**me compraría** un coche deportivo. *würde ich mir einen Sportwagen kaufen.*

14.7 Die indirekte Rede

14.7.1 Die Wiedergabe von Aussagen und Fragen

Die indirekte Rede dient dazu, die Worte einer dritten Person wiederzugeben.

- Handelt es sich um eine Aussage, so wird die indirekte Rede von einem Verb des Sagens, z. B. **decir**, **comentar**, **contar** + **que** eingeleitet:

  "Me gustó mucho la película."
  „Der Film hat mir sehr gefallen."

  Me ha contado que le gustó mucho la película.
  Er hat mir gesagt, dass ihm der Film sehr gefallen habe.

- Will man eine Frage wiedergeben, die kein Fragewort enthält, so wird die indirekte Rede von einem Verb des Fragens, z. B. **preguntar**, **querer saber** + **si** eingeleitet:

  "¿Vienes mañana?"
  „Kommst du morgen?"

  Te pregunto si vienes mañana.
  Ich frage dich, ob du morgen kommst.

- Gibt man eine Frage wieder, die von einem Fragewort (**cuándo**, **dónde**, **quién**…) eingeleitet wird, bleibt dieses auch in der indirekten Rede erhalten:

  "¿Cuándo vienes mañana?"
  „Wann kommst du morgen?"

  Te pregunto cuándo vienes mañana.
  Ich frage dich, wann du morgen kommst.

- Genauso wie im Deutschen werden in der indirekten Rede die Person, die Possessivpronomen, Zeit- und Ortsangaben wie **ayer**, **aquí** usw. dem Standpunkt desjenigen angepasst, der die Äußerung wiedergibt:

  "**Mi** madre vino **ayer**."
  „Meine Mutter ist gestern angekommen."

  Me dijo que **su** madre había venido **el día anterior**.
  Er sagte mir, dass seine Mutter am Tag davor angekommen sei.

14.7.2 Die Wiedergabe von Bitten und Aufforderungen

- In der indirekten Rede verwendet man normalerweise den Indikativ. Gibt man jedoch eine Bitte, eine Aufforderung, einen Rat oder einen Vorschlag wieder, verwendet man den Subjuntivo. Im Deutschen steht in diesen Fällen oft *sollen*:

Aussage	Bitte
"Me van a reservar una habitación." *„Sie werden mir ein Zimmer reservieren."* La clienta **dice que** le **van a reservar** un hotel. *Die Kundin sagt, dass sie für sie ein Hotel reservieren werden.*	"¿Me pueden reservar una habitación?" *„Können Sie mir ein Zimmer reservieren?"* La clienta **dice que** le **reservemos** un hotel. *Die Kundin sagt, dass wir ein Hotel für sie reservieren sollen.*

14.7.3 Die Zeitenfolge in der indirekten Rede

- Die Verwendung der Zeiten in der indirekten Rede unterliegt bestimmten Regeln und hängt davon ab, in welcher Zeitform das Verb des Sagens steht. Dabei ist die „reale Zeit" nicht ausschlaggebend. Steht das Verb des Sagens im Präsens oder Perfekt, so werden die Zeiten gegenüber der direkten Rede nicht verändert, es ändert sich nur die Perspektive des Sprechers. Der Imperativ wird durch das Präsens des Subjuntivo wiedergegeben:

Direkte Rede	Indirekte Rede: **Dice / Ha dicho...**
"¡**Eres** un desvergonzado!" *„Du bist ein Schelm!"*	... que **soy** un desvergonzado. *... dass ich ein Schelm sei.*
"Mi amigo **vino** ayer." *„Mein Freund ist gestern gekommen."*	... que su amigo **vino** el día anterior. *... dass sein Freund am Tag zuvor gekommen sei.*
"¡**Descansa**!" *„Ruhe dich aus!"*	... que **descanses**. *... dass du dich ausruhen sollst.*

- Steht das Verb des Sagens im Imperfekt, Indefinido oder Plusquamperfekt, werden einige Zeiten in der indirekten Rede „um einen Schritt nach hinten versetzt":

Direkte Rede	Indirekte Rede: **Dijo / Decía / Había dicho...**	Zeitverschiebung
"¡**Es** un desvergonzado!"	... que **era** un desvergonzado.	Präsens → Imperfekt
"Ya lo **ha hecho**."	... que ya lo **había hecho**.	Perfekt → Plusquamperfekt
"No lo **olvidaré**."	... que no lo **olvidaría**.	Futur → Konditional
"¡**Descansa**!"	... que **descansara**.	Imperativ → Imperf. des Subj.
"¡Más vale que **vengas**!"	... que más valía que **viniera**.	Subj. → Imperfekt des Subj.

- Das Imperfekt, Plusquamperfekt und Konditional ändern sich nicht. Das Indefinido kann bleiben oder als Plusquamperfekt wiedergegeben werden.

Grammatische Bezeichnungen

Adjektiv	Eigenschaftswort: *schön, nervös*	adjetivo
Adverb	Umstandswort: *oft, normalerweise*	adverbio
Akkusativ	Wen-Fall, 4. Fall: Er liest *ein Buch.*	acusativo
Artikel	Geschlechtswort: *der, eine*	artículo
Dativ	Wem-Fall, 3. Fall: Er schreibt *seiner Frau.*	dativo
Demonstrativ-pronomen	hinweisendes Fürwort: *diese/r/s*	demostrativo
Diphthong	Doppellaut: *ei, au*	diptongo
feminin	weiblich	femenino
Futur	Zukunft: Ich *werde* bald *verreisen.*	futuro
Gerundium	Verlaufsform: Wir *arbeiten gerade.*	gerundio
Hilfsverb	Hilfszeitwort: Ich *habe* gegessen.	verbo auxiliar
Imperativ	Befehlsform. *Komm* her! *Setzen Sie sich!*	imperativo
Imperfekt	Präteritum: Es *war* schönes Wetter.	imperfecto
Indefinido	Historische Vergangenheit: Letztes Jahr *war* ich zwei Tage in Madrid.	indefinido
Indikativ	Wirklichkeitsform: Wir *haben* Grippe.	indicativo
Infinitiv	Grundform des Zeitwortes: *machen, gehen*	infinitivo
Komparativ	Vergleichsform, 1. Steigerung: *größer, besser*	comparativo
Konditional	Bedingungsform: Ich *würde* gern *bezahlen*.	condicional
Konjugation	Beugung des Verbs: ich *gehe*, du *gehst* ...	conjugación
Konnektor	Verbindungswort: *und, als, jedoch, wenn, aber*	conector
Konsonant	Mitlaut: *b, c, d, f, g* ...	consonante
maskulin	männlich	masculino
Objekt	Ergänzung: Ich suche *den Brief*.	objeto
Objektpronomen, direktes	Stellvertreter einer Ergänzung im 4. Fall: Ich suche *sie*. Ich weiß *es* nicht.	pronombre de objeto directo
Objektpronomen, indirektes	Stellvertreter einer Ergänzung im 3. Fall: Wir glauben *ihr*. Ich schenke *ihm* ein Buch.	pronombre de objeto indirecto
Partizip Perfekt	Mittelwort der Vergangenheit: Ich habe *gearbeitet*.	participio perfecto
Perfekt	Vollendete Gegenwart: Er *hat* lange *geschlafen*.	pretérito perfecto
Personalpronomen	persönliches Fürwort: *ich, du, wir* ...	pronombre personal
Plural	Mehrzahl: *Kinder, Blumen*	plural
Plusquamperfekt	Vollendete Vergangenheit: Er kam, nachdem er *gegessen hatte*.	pluscuamperfecto
Possessivpronomen	besitzanzeigendes Fürwort: *mein* Haus, *eure* Eltern	posesivo
Präposition	Verhältniswort: *in, nach, mit*	preposición
Präsens	Gegenwart: Ich *fahre* ans Meer.	presente

Reflexivpronomen	rückbezügliches Fürwort: Ich wasche *mich.*	pronombre reflexivo
Singular	Einzahl: *Kind, Blume*	singular
Subjekt	Satzgegenstand: *Hans* ist Arzt.	sujeto
Subjektpronomen	Stellvertreter des Satzgegenstandes: *Er* ist Arzt.	pronombre de sujeto
Subjuntivo	Möglichkeitsform: *Mögen wir gesund werden!*	subjuntivo
Substantiv	Hauptwort, Nomen: *Haus, Problem*	sustantivo
Superlativ	Höchste Steigerungsstufe: *der größte*	superlativo
Verb	Zeitwort, Tätigkeitswort: Er *kommt*. Er *aß*.	verbo
Verb, reflexives	rückbezügliches Zeitwort: *sich ausruhen*	verbo reflexivo
Vokal	Selbstlaut: *a, e, i, o, u*	vocal

Verbtabelle

Die drei regelmäßigen Verbgruppen

Infinitiv Partizip Gerundium	Präsens	Indefinido	Imperfekt	Futur	Konditional	Präsens des Subjuntivo	Imperfekt des Subjuntivo	Imperativ
tomar	tomo	tomé	tomaba	tomaré	tomaría	tome	tomara	
nehmen	tomas	tomaste	tomabas	tomarás	tomarías	tomes	tomaras	toma
	toma	tomó	tomaba	tomará	tomaría	tome	tomara	tome
	tomamos	tomamos	tomábamos	tomaremos	tomaríamos	tomemos	tomáramos	
tomado	tomáis	tomasteis	tomabais	tomaréis	tomaríais	toméis	tomarais	tomad
tomando	toman	tomaron	tomaban	tomarán	tomarían	tomen	tomaran	tomen
comer	como	comí	comía	comeré	comería	coma	comiera	
essen	comes	comiste	comías	comerás	comerías	comas	comieras	come
	come	comió	comía	comerá	comería	coma	comiera	coma
	comemos	comimos	comíamos	comeremos	comeríamos	comamos	comiéramos	
comido	coméis	comisteis	comíais	comeréis	comeríais	comáis	comierais	comed
comiendo	comen	comieron	comían	comerán	comerían	coman	comieran	coman
vivir	vivo	viví	vivía	viviré	viviría	viva	viviera	
leben	vives	viviste	vivías	vivirás	vivirías	vivas	vivieras	vive
	vive	vivió	vivía	vivirá	viviría	viva	viviera	viva
	vivimos	vivimos	vivíamos	viviremos	viviríamos	vivamos	viviéramos	
vivido	vivís	vivisteis	vivíais	viviréis	viviríais	viváis	vivierais	vivid
viviendo	viven	vivieron	vivían	vivirán	vivirían	vivan	vivieran	vivan

Im Folgenden finden Sie alle unregelmäßigen Verben, die in *Caminos* vorkommen, sowie Beispielverben mit unregelmäßigen Formen *(e → ie, e → i, i → í, i → y, o → ue, u → ue, u → ú, c → zc)*. Aus Platzgründen werden in der Konjugationstabelle nur einige Modellverben aufgeführt.
Andere Verben, die genauso konjugiert werden bzw. dieselbe Unregelmäßigkeit aufweisen, finden Sie in der anschließenden Liste.
Verben mit orthographischen Veränderungen werden nicht aufgeführt, z. B. empezar → empecé, pagar → pagué, sacar → saqué, seguir → siga, dirigir → dirija.

Infinitiv Partizip Gerundium	Präsens	Indefinido	Imperfekt	Futur	Konditional	Präsens des Subjuntivo	Imperfekt des Subjuntivo	Imperativ
abrir *öffnen* **abierto** abriendo								
andar *zu Fuß gehen* andado andando	ando andas anda andamos andáis andan	**anduve** **anduviste** **anduvo** **anduvimos** **anduvisteis** **anduvieron**	andaba andabas andaba andábamos andabais andaban	andaré andarás andará andaremos andaréis andarán	andaría andarías andaría andaríamos andaríais andarían	ande andes ande andemos andéis anden	**anduviera** **anduvieras** **anduviera** **anduviéramos** **anduvierais** **anduviera**	 anda ande andad anden
caer *hinfallen* caído cayendo	**caigo** caes cae caemos caéis caen	caí caíste cayó caímos caísteis cayeron	caía caías caía caíamos caíais caían	caeré caerás caerá caeremos caeréis caerán	caería caerías caería caeríamos caeríais caerían	**caiga** **caigas** **caiga** **caigamos** **caigáis** **caigan**	**cayera** **cayeras** **cayera** **cayéramos** **cayerais** **cayeran**	 cae **caiga** caed **caigan**
conducir **c → zc** *fahren* conducido conduciendo	condu**zc**o conduces conduce conducimos conducís conducen	**conduje** **condujiste** **condujo** **condujimos** **condujisteis** **condujeron**	conducía conducías conducía conducíamos conducíais conducían	conduciré conducirás conducirá conduciremos conduciréis conducirán	conduciría conducirías conduciría conduciríamos conduciríais conducirían	condu**zc**a condu**zc**as condu**zc**a condu**zc**amos condu**zc**áis condu**zc**an	**condujera** **condujeras** **condujera** **condujéramos** **condujerais** **condujeran**	 conduce condu**zc**a conducid condu**zc**an
conocer **c → zc** *kennen (lernen)* conocido conociendo	cono**zc**o conoces conoce conocemos conocéis conocen	conocí conociste conoció conocimos conocisteis conocieron	conocía conocías conocía conocíamos conocíais conocían	conoceré conocerás conocerá conoceremos conoceréis conocerán	conocería conocerías conocería conoceríamos conoceríais conocerían	cono**zc**a cono**zc**as cono**zc**a cono**zc**amos cono**zc**áis cono**zc**an	conociera conocieras conociera conociéramos conocierais conocieran	 conoce cono**zc**a conoced cono**zc**an

Infinitiv Partizip Gerundium	Präsens	Indefinido	Imperfekt	Futur	Konditional	Präsens des Subjuntivo	Imperfekt des Subjuntivo	Imperativ
construir **i → y** *bauen* construido construyendo	construyo construyes construye construimos construís construyen	construí construiste construyó construimos construisteis construyeron	construía construías construía construíamos construíais construían	construiré construirás construirá construiremos construiréis construirán	construiría construirías construiría construiríamos construiríais construirían	construya construyas construya construyamos construyáis construyan	construyera construyeras construyera construyéramos construyerais construyeran	 construye construya construid construyan
contar **o → ue** *(er)zählen* contado contando	cuento cuentas cuenta contamos contáis cuentan	conté contaste contó contamos contasteis contaron	contaba contabas contaba contábamos contabais contaban	contaré contarás contará contaremos contaréis contarán	contaría contarías contaría contaríamos contaríais contarían	cuente cuentes cuente contemos contéis cuenten	contara contaras contara contáramos contarais contaran	 cuenta cuente contad cuenten
continuar **u → ú** *fortsetzen* continuado continuando	continúo continúas continúa continuamos continuáis continúan	continué continuaste continuó continuamos continuasteis continuaron	continuaba continuabas continuaba continuábamos continuabais continuaban	continuaré continuarás continuará continuaremos continuaréis continuarán	continuaría continuarías continuaría continuaríamos continuaríais continuarían	continúe continúes continúe continuemos continuéis continúen	continuara continuaras continuara continuáramos continuarais continuaran	 continúa continúe continuad continúen
creer *glauben* creído creyendo	creo crees cree creemos creéis creen	creí creíste creyó creímos creísteis creyeron	creía creías creía creíamos creíais creían	creeré creerás creerá creeremos creeréis creerán	creería creerías creería creeríamos creeríais creerían	crea creas crea creamos creáis crean	creyera creyeras creyera creyéramos creyerais creyeran	 cree crea creed crean
cubrir *decken* **cubierto** cubriendo								

Infinitiv Partizip Gerundium	Präsens	Indefinido	Imperfekt	Futur	Konditional	Präsens des Subjuntivo	Imperfekt des Subjuntivo	Imperativ
dar	**doy**	**di**	daba	daré	daría	**dé**	**diera**	
geben	das	**diste**	dabas	darás	darías	des	**dieras**	da
	da	**dio**	daba	dará	daría	**dé**	**diera**	**dé**
	damos	**dimos**	dábamos	daremos	daríamos	demos	**diéramos**	
dado	dais	**disteis**	dabais	daréis	daríais	deis	**dierais**	dad
dando	dan	**dieron**	daban	darán	darían	den	**dieran**	den
decir	**digo**	**dije**	decía	**diré**	**diría**	**diga**	**dijera**	
sagen	dices	**dijiste**	decías	**dirás**	**dirías**	**digas**	**dijeras**	**di**
	dice	**dijo**	decía	**dirá**	**diría**	**diga**	**dijera**	**diga**
	decimos	**dijimos**	decíamos	**diremos**	**diríamos**	**digamos**	**dijéramos**	
dicho	decís	**dijisteis**	decíais	**diréis**	**diríais**	**digáis**	**dijerais**	decid
diciendo	dicen	**dijeron**	decían	**dirán**	**dirían**	**digan**	**dijeran**	**digan**
dormir	duermo	dormí	dormía	dormiré	dormiría	duerma	durmiera	
o → ue, u	duermes	dormiste	dormías	dormirás	dormirías	duermas	durmieras	duerme
schlafen	duerme	durmió	dormía	dormirá	dormiría	duerma	durmiera	duerma
	dormimos	dormimos	dormíamos	dormiremos	dormiríamos	durmamos	durmiéramos	
dormido	dormís	dormisteis	dormíais	dormiréis	dormiríais	durmáis	durmierais	dormid
durmiendo	duermen	durmieron	dormían	dormirán	dormirían	duerman	durmieran	duerman
enviar	envío	envié	enviaba	enviaré	enviaría	envíe	enviara	
i → í	envías	enviaste	enviabas	enviarás	enviarías	envíes	enviaras	envía
schicken	envía	envió	enviaba	enviará	enviaría	envíe	enviara	envíe
	enviamos	enviamos	enviábamos	enviaremos	enviaríamos	enviemos	enviáramos	
enviado	enviáis	enviasteis	enviabais	enviaréis	enviaríais	enviéis	enviarais	enviad
enviando	envían	enviaron	enviaban	enviarán	enviarían	envíen	enviaran	envíen
escribir								
schreiben								
escrito								
escribiendo								

Infinitiv Partizip Gerundium	Präsens	Indefinido	Imperfekt	Futur	Konditional	Präsens des Subjuntivo	Imperfekt des Subjuntivo	Imperativ
estar	**estoy**	**estuve**	estaba	estaré	estaría	**esté**	**estuviera**	
sich befinden	**estás**	**estuviste**	estabas	estarás	estarías	**estés**	**estuvieras**	**está**
	está	**estuvo**	estaba	estará	estaría	**esté**	**estuviera**	**esté**
	estamos	**estuvimos**	estábamos	estaremos	estaríamos	estemos	**estuviéramos**	
estado	estáis	**estuvisteis**	estabais	estaréis	estaríais	estéis	**estuvierais**	estad
estando	**están**	**estuvieron**	estaban	estarán	estarían	**estén**	**estuvieran**	**estén**
haber	**he**	**hube**	había	**habré**	**habría**	**haya**	**hubiera**	
haben (Hilfsverb)	**has**	**hubiste**	habías	**habrás**	**habrías**	**hayas**	**hubieras**	**he**
es gibt (hay)	**ha (hay)**	**hubo**	había	**habrá**	**habría**	**haya**	**hubiera**	**haya**
	hemos	**hubimos**	habíamos	**habremos**	**habríamos**	**hayamos**	**hubiéramos**	
habido	habéis	**hubisteis**	habíais	**habréis**	**habríais**	**hayáis**	**hubierais**	habed
habiendo	**han**	**hubieron**	habían	**habrán**	**habrían**	**hayan**	**hubieran**	**hayan**
hacer	**hago**	**hice**	hacía	**haré**	**haría**	**haga**	**hiciera**	
machen	haces	**hiciste**	hacías	**harás**	**harías**	**hagas**	**hicieras**	**haz**
	hace	**hizo**	hacía	**hará**	**haría**	**haga**	**hiciera**	**haga**
	hacemos	**hicimos**	hacíamos	**haremos**	**haríamos**	**hagamos**	**hiciéramos**	
hecho	hacéis	**hicisteis**	hacíais	**haréis**	**haríais**	**hagáis**	**hicierais**	haced
haciendo	hacen	**hicieron**	hacían	**harán**	**harían**	**hagan**	**hicieran**	**hagan**
ir	**voy**	**fui**	**iba**	iré	iría	**vaya**	**fuera**	
gehen, fahren	**vas**	**fuiste**	**ibas**	irás	irías	**vayas**	**fueras**	**ve**
	va	**fue**	**iba**	irá	iría	**vaya**	**fuera**	**vaya**
	vamos	**fuimos**	**íbamos**	iremos	iríamos	**vayamos**	**fuéramos**	
ido	**vais**	**fuisteis**	**ibais**	iréis	iríais	**vayáis**	**fuerais**	**id**
yendo	**van**	**fueron**	**iban**	irán	irían	**vayan**	**fueran**	**vayan**
jugar	**jue**go	jugué	jugaba	jugaré	jugaría	**jue**gue	jugara	
u → ue	**jue**gas	jugaste	jugabas	jugarás	jugarías	**jue**gues	jugaras	**jue**ga
spielen	**jue**ga	jugó	jugaba	jugará	jugaría	**jue**gue	jugara	**jue**gue
	jugamos	jugamos	jugábamos	jugaremos	jugaríamos	juguemos	jugáramos	
jugado	jugáis	jugasteis	jugabais	jugaréis	jugaríais	juguéis	jugarais	jugad
jugando	**jue**gan	jugaron	jugaban	jugarán	jugarían	**jue**guen	jugaran	**jue**guen

Infinitiv Partizip Gerundium	Präsens	Indefinido	Imperfekt	Futur	Konditional	Präsens des Subjuntivo	Imperfekt des Subjuntivo	Imperativ
morir *sterben* (s. dormir) **muerto** m**u**riendo								
oír *hören* oído oyendo	**oigo** oyes oye oímos oís oyen	oí oíste oyó oímos oísteis oyeron	oía oías oía oíamos oíais oían	oiré oirás oirá oiremos oiréis oirán	oiría oirías oiría oiríamos oiríais oirían	**oiga** **oigas** **oiga** **oigamos** **oigáis** **oigan**	**oyera** **oyeras** **oyera** **oyéramos** **oyerais** **oyeran**	 **oye** **oiga** oíd **oigan**
oler *riechen* olido oliendo	**hue**lo **hue**les **hue**le olemos oléis **hue**len	olí oliste olió olimos olisteis olieron	olía olías olía olíamos olíais olían	oleré olerás olerá oleremos oleréis olerán	olería olerías olería oleríamos oleríais olerían	**hue**la **hue**las **hue**la olamos oláis **hue**lan	oliera olieras oliera oliéramos olierais olieran	 **hue**le **hue**la oled **hue**lan
pedir **e → i** *bitten, verlangen* pedido pidiendo	pido pides pide pedimos pedís piden	pedí pediste pidió pedimos pedisteis pidieron	pedía pedías pedía pedíamos pedíais pedían	pediré pedirás pedirá pediremos pediréis pedirán	pediría pedirías pediría pediríamos pediríais pedirían	pida pidas pida pidamos pidáis pidan	pidiera pidieras pidiera pidiéramos pidierais pidieran	 pide pida pedid pidan
pensar **e → ie** *denken* pensado pensando	**pie**nso **pie**nsas **pie**nsa pensamos pensáis **pie**nsan	pensé pensaste pensó pensamos pensasteis pensaron	pensaba pensabas pensaba pensábamos pensabais pensaban	pensaré pensarás pensará pensaremos pensaréis pensarán	pensaría pensarías pensaría pensaríamos pensaríais pensarían	**pie**nse **pie**nses **pie**nse pensemos penséis **pie**nsen	pensara pensaras pensara pensáramos pensarais pensaran	 **pie**nsa **pie**nse pensad **pie**nsen

Infinitiv Partizip Gerundium	Präsens	Indefinido	Imperfekt	Futur	Konditional	Präsens des Subjuntivo	Imperfekt des Subjuntivo	Imperativ
poder	**pue**do	**pude**	podía	**podré**	**podría**	**pue**da	**pudiera**	
können	**pue**des	**pudiste**	podías	**podrás**	**podrías**	**pue**das	**pudieras**	**pue**de
	puede	**pudo**	podía	**podrá**	**podría**	**pue**da	**pudiera**	**pue**da
	podemos	**pudimos**	podíamos	**podremos**	**podríamos**	podamos	**pudiéramos**	
podido	podéis	**pudisteis**	podíais	**podréis**	**podríais**	podáis	**pudierais**	poded
pudiendo	**pue**den	**pudieron**	podían	**podrán**	**podrían**	**pue**dan	**pudieran**	**pue**dan
poner	**pongo**	**puse**	ponía	**pondré**	**pondría**	**ponga**	**pusiera**	
setzen, stellen,	pones	**pusiste**	ponías	**pondrás**	**pondrías**	**pongas**	**pusieras**	**pon**
legen	pone	**puso**	ponía	**pondrá**	**pondría**	**ponga**	**pusiera**	**ponga**
	ponemos	**pusimos**	poníamos	**pondremos**	**pondríamos**	**pongamos**	**pusiéramos**	
puesto	ponéis	**pusisteis**	poníais	**pondréis**	**pondríais**	**pongáis**	**pusierais**	poned
poniendo	ponen	**pusieron**	ponían	**pondrán**	**pondrían**	**pongan**	**pusieran**	**pongan**
querer	**quie**ro	**quise**	quería	**querré**	**querría**	**quie**ra	**quisiera**	
wollen, mögen	**quie**res	**quisiste**	querías	**querrás**	**querrías**	**quie**ras	**quisieras**	**quie**re
	quiere	**quiso**	quería	**querrá**	**querría**	**quie**ra	**quisiera**	**quie**ra
	queremos	**quisimos**	queríamos	**querremos**	**querríamos**	queramos	**quisiéramos**	
querido	queréis	**quisisteis**	queríais	**querréis**	**querríais**	queráis	**quisierais**	quered
queriendo	**quie**ren	**quisieron**	querían	**querrán**	**querrían**	**quie**ran	**quisieran**	**quie**ran
romper								
zerbrechen								
roto								
rompiendo								
saber	**sé**	**supe**	sabía	**sabré**	**sabría**	**sepa**	**supiera**	
wissen	sabes	**supiste**	sabías	**sabrás**	**sabrías**	**sepas**	**supieras**	sabe
	sabe	**supo**	sabía	**sabrá**	**sabría**	**sepa**	**supiera**	**sepa**
	sabemos	**supimos**	sabíamos	**sabremos**	**sabríamos**	**sepamos**	**supiéramos**	
sabido	sabéis	**supisteis**	sabíais	**sabréis**	**sabríais**	**sepáis**	**supierais**	sabed
sabiendo	saben	**supieron**	sabían	**sabrán**	**sabrían**	**sepan**	**supieran**	**sepan**

Infinitiv Partizip Gerundium	Präsens	Indefinido	Imperfekt	Futur	Konditional	Präsens des Subjuntivo	Imperfekt des Subjuntivo	Imperativ
salir *weggehen* salido saliendo	**salgo** sales sale salimos salís salen	salí saliste salió salimos salisteis salieron	salía salías salía salíamos salíais salían	**saldré** **saldrás** **saldrá** **saldremos** **saldréis** **saldrán**	**saldría** **saldrías** **saldría** **saldríamos** **saldríais** **saldrían**	**salga** **salgas** **salga** **salgamos** **salgáis** **salgan**	saliera salieras saliera saliéramos salierais salieran	 **sal** **salga** salid **salgan**
sentir **e → ie, i** *fühlen* sentido sintiendo	siento sientes siente sentimos sentís sienten	sentí sentiste sintió sentimos sentisteis sintieron	sentía sentías sentía sentíamos sentíais sentían	sentiré sentirás sentirá sentiremos sentiréis sentirán	sentiría sentirías sentiría sentiríamos sentiríais sentirían	sienta sientas sienta sintamos sintáis sientan	sintiera sintieras sintiera sintiéramos sintierais sintieran	 siente sienta sentid sientan
ser *sein* **sido** **siendo**	**soy** **eres** **es** **somos** **sois** **son**	**fui** **fuiste** **fue** **fuimos** **fuisteis** **fueron**	**era** **eras** **era** **éramos** **erais** **eran**	seré serás será seremos seréis serán	sería serías sería seríamos seríais serían	**sea** **seas** **sea** **seamos** **seáis** **sean**	**fuera** **fueras** **fuera** **fuéramos** **fuerais** **fueran**	 **sé** **sea** sed **sean**
tener *haben* tenido teniendo	**tengo** tienes tiene tenemos tenéis tienen	**tuve** **tuviste** **tuvo** **tuvimos** **tuvisteis** **tuvieron**	tenía tenías tenía teníamos teníais tenían	**tendré** **tendrás** **tendrá** **tendremos** **tendréis** **tendrán**	**tendría** **tendrías** **tendría** **tendríamos** **tendríais** **tendrían**	**tenga** **tengas** **tenga** **tengamos** **tengáis** **tengan**	**tuviera** **tuvieras** **tuviera** **tuviéramos** **tuvierais** **tuvieran**	 **ten** **tenga** tened **tengan**
traer *(her)bringen* traído trayendo	**traigo** traes trae traemos traéis traen	**traje** **trajiste** **trajo** **trajimos** **trajisteis** **trajeron**	traía traías traía traíamos traíais traían	traeré traerás traerá traeremos traeréis traerán	traería traerías traería traeríamos traeríais traerían	**traiga** **traigas** **traiga** **traigamos** **traigáis** **traigan**	**trajera** **trajeras** **trajera** **trajéramos** **trajerais** **trajeran**	 trae **traiga** traed **traigan**

Infinitiv Partizip Gerundium	Präsens	Indefinido	Imperfekt	Futur	Konditional	Präsens des Subjuntivo	Imperfekt des Subjuntivo	Imperativ
venir	**vengo**	**vine**	venía	**vendré**	**vendría**	**venga**	**viniera**	
kommen	v**ie**nes	**viniste**	venías	**vendrás**	**vendrías**	**vengas**	**vinieras**	**ven**
	v**ie**ne	**vino**	venía	**vendrá**	**vendría**	**venga**	**viniera**	**venga**
	venimos	**vinimos**	veníamos	**vendremos**	**vendríamos**	**vengamos**	**viniéramos**	
venido	venís	**vinisteis**	veníais	**vendréis**	**vendríais**	**vengáis**	**vinierais**	venid
viniendo	v**ie**nen	**vinieron**	venían	**vendrán**	**vendrían**	**vengan**	**vinieran**	**vengan**
ver	**veo**	vi	**veía**	veré	vería	**vea**	**viera**	
sehen	ves	**viste**	**veías**	verás	verías	**veas**	**vieras**	**ve**
	ve	**vio**	**veía**	verá	vería	**vea**	**viera**	**vea**
	vemos	**vimos**	**veíamos**	veremos	veríamos	**veamos**	**viéramos**	
visto	veis	**visteis**	**veíais**	veréis	veríais	**veáis**	**vierais**	ved
viendo	ven	**vieron**	**veían**	verán	verían	**vean**	**vieran**	**vean**
volver	v**ue**lvo	volví	volvía	volveré	volvería	v**ue**lva	volviera	
o → ue	v**ue**lves	volviste	volvías	volverás	volverías	v**ue**lvas	volvieras	v**ue**lve
zurückkehren	v**ue**lve	volvió	volvía	volverá	volvería	v**ue**lva	volviera	v**ue**lva
	volvemos	volvimos	volvíamos	volveremos	volveríamos	volvamos	volviéramos	
vuelto	volvéis	volvisteis	volvíais	volveréis	volveríais	volváis	volvierais	volved
volviendo	v**ue**lven	volvieron	volvían	volverán	volverían	v**ue**lvan	volvieran	v**ue**lvan

Liste der unregelmäßigen Verben, die in *Caminos* vorkommen.

abrir
andar
acordarse *(ue)*
acostarse *(ue)*
actuar *(ú)*
agradecer *(zc)*
almorzar *(ue)*
amanecer *(zc)*
ampliar *(í)*
aparecer *(zc)*
apetecer *(zc)*
apretar *(ie)*
atender *(ie)*
atraer *(traer)*
caer
cerrar *(ie)*
cocer *(ue)*
colgar *(ue)*
comenzar *(ie)*
competir *(i)*
comprobar *(ue)*
concertar *(ie)*
conducir *(zc)*
conocer *(zc)*
conseguir *(i)*
construir *(y)*
contar *(ue)*
continuar *(ú)*
contraponer *(poner)*
contribuir *(y)*
convenir *(venir)*
convertir(se) *(sentir)*
corregir *(i)*
costar *(ue)*
crecer *(zc)*
creer
cubrir
dar
decir
deducir *(conducir)*
defender *(ie)*
demostrar *(ue)*
desaparacer *(zc)*
desatender *(ie)*
describir *(escribir)*
descubrir *(cubrir)*
despedir(se) *(i)*
despertarse *(ie)*
destruir *(y)*
detener *(tener)*
devolver *(volver)*
disponer *(poner)*
disminuir *(y)*
divertirse *(sentir)*
doler *(ue)*
dormir *(ue, u)*
elegir *(i)*
empezar *(ie)*
encender *(ie)*
encontrar *(ue)*
enfriar *(í)*
enrojecer *(zc)*
entender *(ie)*
enterrar *(ie)*
envejecer *(zc)*
enviar *(í)*
escribir
esquiar *(í)*
establecer *(zc)*
estar
extenderse *(ie)*
gobernar *(ie)*
guiar *(í)*
haber
hacer
huir *(y)*
impedir *(i)*
imponer(se) *(poner)*
incluir *(y)*
introducir *(conducir)*
invertir *(ie)*
ir
jugar *(ue)*
leer *(creer)*
llover *(ue)*
mantener *(tener)*
morder *(ue)*
morir
mostrar *(ue)*
mover *(ue)*
nacer *(zc)*
nevar *(ie)*
obedecer *(zc)*
obtener *(tener)*
ofrecer *(zc)*
oír
oler
parecer *(zc)*
pedir *(i)*
pensar *(ie)*
perder *(ie)*
pertenecer *(zc)*
poder
poner
preferir *(sentir)*
prevenir *(venir)*
probar *(ue)*
producir *(conducir)*
prohibir *(í)*
promover *(ue)*
proponer *(poner)*
provenir *(venir)*
querer
recomendar *(ie)*
reconocer *(zc)*
reconstruir *(y)*
recordar *(ue)*
reducir *(conducir)*
referirse *(sentir)*
reír *(í)*
repetir *(i)*
requerir *(sentir)*
resolver *(volver)*
reunir *(ú)*
rogar *(ue)*
romper
saber
salir
seguir *(i)*
sentarse *(ie)*
sentir *(ie, i)*
ser
servir *(i)*
situar *(ú)*
sonar *(ue)*
soñar *(ue)*
sonreír *(í)*
suponer *(poner)*
sustituir *(y)*
tener
tostar *(ue)*
traducir *(conducir)*
traer
valer *(salir)*
venir
ver
vestirse *(i)*
volar *(ue)*
volver *(ue)*

Register